CRISE EXISTENCIAL   ESTRESSE   PAIS   FILHOS   AMADURECIMENTO   RELAÇÕES
TÓXICAS   AUTOABANDONO   AUTOAMOR   CARIDADE   CRISE EXISTENCIAL   ESTRESSE
PAIS   FILHOS   AMADURECIMENTO   RELAÇÕES TÓXICAS   AUTOABANDONO   AUTOAMOR
CARIDADE   CRISE EXISTENCIAL   ESTRESSE   PAIS   FILHOS   AMADURECIMENTO
RELAÇÕES TÓXICAS   AUTOABANDONO   AUTOAMOR   CARIDADE   CRISE EXISTENCIAL

DESCOMPLIQUE
seja leve

FILHOS   AMADURECIMENTO   RELAÇÕES TÓXICAS   AUTOABANDONO   AUTOAMOR
CARIDADE   CRISE EXISTENCIAL   ESTRESSE   PAIS   FILHOS   AMADURECIMENTO
RELAÇÕES TÓXICAS   AUTOABANDONO   FILHOS   CARIDADE   CRISE EXISTENCIAL
ESTRESSE   PAIS   AUTOAMOR   AMADURECIMENTO   RELAÇÕES   AUTOABANDONO
AUTOAMOR   CARIDADE   CRISE EXISTENCIAL   ESTRESSE   PAIS   FILHOS

DESCOMPLIQUE, SEJA LEVE
Copyright © 2016 by Wanderley Oliveira
1ª edição | Julho de 2016 | 1º ao 2º milheiro

Dados Internacionais de Catalogação Pública (CIP)
Câmara Brasileira do Livro | São Paulo | SP | Brasil

Wanderley Oliveira
Descomplique, seja leve
DUFAUX: Belo Horizonte, MG, 2016.

240p. 16 x 23 cm

ISBN: 978-85-63365-83-5

1. Mensagens   2. Autoconhecimento
I. Oliveira, Wanderley   II. Título

CDU — 133.9

Impresso no Brasil – Printed in Brazil – Presita en Brazilo

Editora Dufaux
R. Contria, 759 - Alto Barroca
Belo Horizonte - MG, 30431-028
Telefone: (31) 3347-1531
comercial@editoradufaux.com.br
www.editoradufaux.com.br

 Conforme novo acordo ortográfico da língua portuguesa ratificado em 2008.

Todos os direitos reservados à Editora Dufaux. É proibida a sua reprodução parcial ou total através de qualquer forma, meio ou processo eletrônico, digital, fotocópia, microfilme, internet, cd-rom, dvd, dentre outros, sem prévia e expressa autorização da editora, nos termos da Lei 9.610/98 que regulamenta os direitos de autor e conexos.

DESCOMPLIQUE
seja leve

Wanderley Oliveira

Série
Autoconhecimento

SUMÁRIO

Prefácio.
Leveza emocional nos relacionamentos....................................10

Capítulo 1.
Interessei-me por alguém fora do casamento. E agora?............13

Capítulo 2.
Você não é responsável pelas pessoas que ama......................17

Capítulo 3.
Você precisa de religião ou de terapia? 21

Capítulo 4.
Crise existencial...25

Capítulo 5.
Culpa por não gostar de alguém 29

Capítulo 6.
Estresse, doença silenciosa 33

Capítulo 7.
Temos de ter educação para discordar....................................37

Capítulo 8.
Existem pessoas que ofendem sem intenção de fazê-lo............41

Capítulo 9.
A culpa não é dos pais 45

Capítulo 10.
Controladores 49

Capítulo 11.
O sentimento que mais corrói sua proteção energética.............53

Capítulo 12.
O amadurecimento é libertador................................57

Capítulo 13.
Floresça, sendo você mesmo!..............................61

Capítulo 14.
Todos precisam de ajuda...................................65

Capítulo 15.
Autocobrança: qual a razão para exigir tanto de si mesmo?.......69

Capítulo 16.
Ter dó de alguém 73

Capítulo 17.
Lidar com a culpa: um aprendizado fundamental para
sua paz...77

Capítulo 18.
Para ajudar é necessário preparo 81

Capítulo 19.
Perdoe-se por não ser quem gostaria 85

Capítulo 20.
Caro e barato: duas palavrinhas muito chatas 89

Capítulo 21.
Cordões energéticos: você pode estar preso a alguém..............93

Capítulo 22.
Proteção contra más energias...97

Capítulo 23.
O maior sabotador de sua felicidade....................................101

Capítulo 24.
Pessoas espiritualizadas...105

Capítulo 25.
Amar não é se afundar com quem não quer caminhar............109

Capítulo 26.
Quando não é possível amar, ter respeito já é um grande
avanço..113

Capítulo 27.
Roubo de energia nos relacionamentos 117

Capítulo 28.
Más energias travando sua vida?...121

Capítulo 29.
A missão dos pais não é se responsabilizar pela felicidade
dos filhos 125

Capítulo 30.
Ninguém é exatamente como você gostaria que fosse............131

Capítulo 31.
Não maltrate seu filho lhe dando de tudo (1) 137

Capítulo 32.
Não maltrate seu filho lhe dando de tudo (2) 141

Capítulo 33.
Problemas espirituais ou emocionais?................................145

Capítulo 34.
Autoamor: o melhor escudo de proteção energética
contra o mal..149

Capítulo 35.
Ganhos secundários nas relações tóxicas 155

Capítulo 36.
Afinidade de lados sombrios..161

Capítulo 37.
Como tratar a mágoa 165

Capítulo 38.
Quantas pessoas você carrega nas costas?..........................169

Capítulo 39.
Projeto autoperdão: o caminho para uma vida leve
e saudável..175

Capítulo 40.
Como somos prejudicados pela energia sexual dos outros 179

Capítulo 41.
Egoísmo ou amor?..183

Capítulo 12.
Assédio energético nas relações conjugais............................187

Capítulo 13.
Disputa..191

Capítulo 14.
Pretensão: a ilusão sobre seu próprio limite.........................195

Capítulo 15.
Autoabandono e caridade...199

Capítulo 16.
Limerência: eu me apaixonei pelo que inventei de você..........203

Capítulo 17.
Ganhos secundários de pais controladores............................209

Capítulo 18.
Resgatando os laços de amor na família...............................213

Capítulo 19.
O "salvador" – Postura dos controladores.............................217

Capítulo 50.
O foco mental no presente...221

PALAVRA CRUZADA

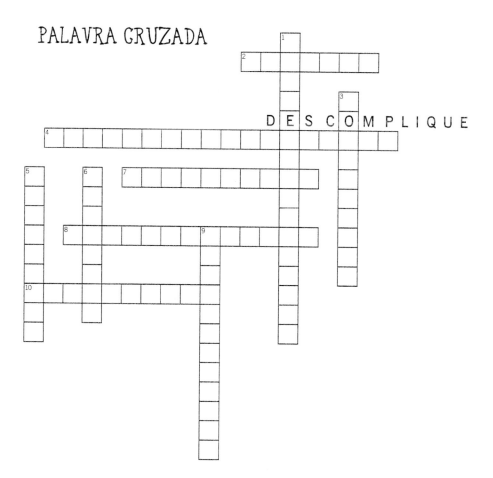

HORIZONTAL

2. Conjunto de práticas que ajudará a resolver seus problemas emocionais.

4. Laços criados com quem se compartilha relações energéticas.

7. Estado involuntário interpessoal que causa um desejo agudo de reciprocidade emocional.

8. Pessoas que necessitam reeducar seu modo perfeccionista de lidar com a vida, com as pessoas e também consigo mesmas.

10. Caminho que se deve adotar para uma vida leve e saudável.

VERTICAL

1. Intenso e sofrível momento de perdas, encerramentos de ciclos e início de outros, objetivando o amadurecimento e conhecimento sobre quem você realmente é.

3. Processo de educação emocional de construir habilidades de gerenciar seus próprios sentimentos.

5. O sentimento que mais corrói sua proteção energética.

6. Força divina de defesa e fonte de luz para todos os passos na vida.

9. Doença emocional provocada pelo ato de carregar ou tomar para si problemas de outras pessoas.

PREFÁCIO

Leveza emocional nos relacionamentos

Os relacionamentos humanos possuem uma parte oculta estruturada em emoções e energias, determinante na convivência, mas que não é considerada ou estudada.

A culpa, a inveja, o medo, a tristeza, a raiva, a mágoa, o orgulho e todas as emoções que nos infelicitam têm muita força e geram impactos que não podem ser ignorados, que se expressam nos problemas de saúde, nos conflitos de opinião e na forma como cada de um de nós pensa e se sente a respeito das pessoas que nos cercam.

Tomar consciência da vida emocional e energética que ge-renciam os contatos humanos é, sem dúvida, organizar recursos que alinham novas posturas diante dos acontecimentos que envolvem os seres humanos na escola da convivência.

Um dos principais focos do meu trabalho terapêutico é orientar o que fazer para utilizar, transformar e gerenciar os mecanismos invisíveis e sutis que regem a interação entre pessoas com seus respectivos laços afetivos.

Não existe conquista mais poderosa do que aprender a lidar com os sentimentos, reconhecer seus potenciais energéticos e saber o que e como usá-los para o bem de si mesmo e, consequentemente, de todos.

O desenvolvimento de relacionamentos leves e duradouros é a grande meta para todos nós. Herdamos a missão de amar e de nos nutrir de amor como sendo nossa rota principal perante a vida.

Com muita leveza na alma, entrego ao leitor minhas reflexões com uma única esperança: apoiar sua caminhada na aquisição de uma vida mais suave e rica de alegrias na convivência.

Wanderley Oliveira
Belo Horizonte, abril de 2016.

Capítulo 1

INTERESSEI-ME POR ALGUÉM FORA DO CASAMENTO. E AGORA?

Pergunta:

Meu casamento está ruim e me interessei por alguém que também se interessou por mim. Mesmo sem trair meu marido, este fato aumentou minha autoestima, me fez bem, me fez sentir viva. Com esse alguém eu pude sentir o quanto estou deixando de ser feliz na minha vida, o quanto estou presa e limitada. Ele despertou sensações e desejos muito bons, que nunca senti antes. Será que isso é normal?

Resposta:

Seu casamento está morno e sem sentido. Então, acontece algo novo.

Sabe aquele sentimento bom e gostoso que surge por alguém fora do seu casamento, que dá vontade de largar tudo? Tenho uma boa e uma má notícia sobre isso.

A má notícia é que isso pode ser uma porta que se abre para você tornar seu casamento e sua vida piores do que já estão, dependendo do encaminhamento que você der ao fato.

A boa é que esse sentimento não pertence à pessoa pela qual você sentiu algo, pertence a você. Ele surge apenas para dizer que você está vivo, que pode e deve viver com mais amor e motivação. Só não precisa, necessariamente, complicar ainda mais a sua vida, desencadeando rolos afetivos.

O desafio de saber o que fazer com esse sentimento inusitado requer ajuda especializada, porque você ficará muito confuso sobre o que fazer com ele.

Se as pessoas soubessem que esse sentimento surge apenas para mostrar que algumas mudanças são urgentes, muito sofrimento poderia ser evitado no mundo!

Nem sempre mudar de cônjuge será a solução para garantir esse estado de coisas no seu coração. Nessas horas, as escolhas devem ser direcionadas para a revitalização de cada um. O que importa é que esse sentimento de autoamor, despertado por outra pessoa, seja entendido como um sinal claro de que a vida está pedindo a sua renovação.

Ame-se mais e perceba que um casamento não pode matar seu amor-próprio se você souber como zelar por esse sentimento.

Capítulo 2

VOCÊ NÃO É RESPONSÁVEL PELAS PESSOAS QUE AMA

A ilusão de que você é responsável pelas escolhas e pela maneira de ser de alguém é uma fonte das mais corrosivas nos relacionamentos, porque a convivência (e tudo que lhe diz respeito) se torna pesada e desgastante. Ser responsável pelo outro é bem diferente de ter responsabilidade com o outro.

Ter responsabilidade é uma parte fundamental da arte de amar e significa apoiar, cooperar, orientar e alertar. Cumplicidade e respeito resumem tudo. É o máximo que alguém pode fazer por quem ama. O que está além disso é só perturbação, engano, cobrança e necessidade egoísta de controle.

Lembre-se: amar não é se algemar a alguém. Numa irrestrita concepção, você é responsável somente por si mesmo, embora, em nome do amor, muita gente se prenda a pessoas que ama supondo ser capaz de mudá-las, iludindo-se com a ideia de que tem capacidade para isso e um nível de compromisso ilimitado. Isso pode chegar ao ponto de a pessoa se achar capaz de responder pela escolha que pertence ao outro.

Uma das causas mais comuns para esse comportamento é a baixa autoestima. Uma pessoa que não se curte e não se ama vai se sentir culpada pelo que acontece às pessoas importantes para ela. Quem ama de forma saudável não faz esse papel. Ao contrário, além de se proteger de carregar esse peso injusto, ainda consegue colocar limites e se posicionar melhor em relação aos seus amores.

Todos têm responsabilidades uns com os outros na lei da fraternidade universal, mas, por mais que você resista a essa verdade, inevitavelmente, cada pessoa só responderá por si mesmo e pelas escolhas que fizer perante a vida.

Livre-se do peso das escolhas que pertencem aos outros. Livre-se do que lhe faz mal. Amor ao próximo é outra coisa.

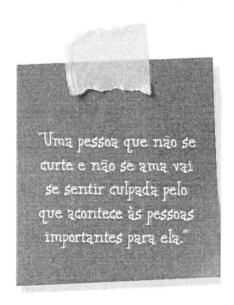

"Uma pessoa que não se curte e não se ama vai se sentir culpada pelo que acontece às pessoas importantes para ela."

Capítulo 3

VOCÊ PRECISA DE RELIGIÃO OU DE TERAPIA?

Tem muita gente procurando os templos religiosos para resolver suas dificuldades pessoais e essa postura é muito saudável. Precisamos mesmo de ajuda espiritual, seja de que natureza for e esse contato com Deus é fonte de saúde e sanidade.

Problemas espirituais todo mundo tem nesta Terra, e as organizações religiosas podem oferecer apoio e iluminação, mas é necessário entender que, antes de problemas espirituais, você tem problemas emocionais a resolver. Aliás, assuntos espirituais têm raízes profundas nos conflitos interiores não resolvidos.

Peça ajuda na religião de sua preferência e você receberá alívio e incentivo para caminhar.

Quer curar seus problemas espirituais definitivamente? Mude, altere seus hábitos, modifique suas condutas e transforme sua forma de viver. Nessa hora, o autoconhecimento é ferramenta eficaz.

A religião proporciona descobertas interiores fantásticas, mas, lamentavelmente, esse não parece ser o objetivo maior dos seus seguidores. A maioria desloca para Deus a responsabilidade das mudanças que cabe a cada um fazer. Isso enfraquece a relação de autoamor e limita as possibilidades de se descobrir a força interior.

Deus é fundamental. No entanto, Ele próprio espera que você assuma sua postura, sua decisão e seu esforço. Rogue tudo o que desejar a Ele, mas faça a sua parte para merecer o que pede.

Sem generalizar, infelizmente a religião que deveria ter um papel educativo e transformador nas pessoas quase sempre está mais para uma organização produtora de medo, de culpa e de uma vida puritana distante da realidade. Volto a frisar, sem generalizar.

Você precisa de religião ou de terapia? Provavelmente das duas coisas. Entretanto, as reflexões aqui descritas visam destacar que há muitas pessoas querendo resolver com religião o que só é possível ser resolvido com terapia. Com isso, dilatam seu sofrimento, extinguem sua fé e exigem de si algo muito além do que podem dar. O orgulho religioso tem causado enorme mal em todas as doutrinas.

Criar uma relação de amor com Deus ou com entidades espirituais sem criar uma relação de amor com você mesmo abre condições mentais para dores emocionais profundas. Aproximar-se muito de Deus sem aprender a se aproximar de você mesmo é um contrassenso. Deus o ama, sim, mas, infelizmente, isso vai valer pouco se não aprender a amar a si mesmo. Com autoamor, você se torna um espelho para o amor do Criador.

A religião, no que diz respeito a ser alguém melhor e mais autêntico, é fundamental para o crescimento das forças pessoais e, cada vez mais, isso se torna uma missão complementada com êxito pelas abordagens terapêuticas que buscam o conhecimento de si mesmo.

Tudo se resume a um único ponto: tão importante quanto a fé é o amor que você conquista por você, pela vida e pelo seu próximo, que o libertará.

Se houver autoamor, você encontrará a paz.

Capítulo 4

CRISE EXISTENCIAL

A crise existencial da meia-idade é um movimento natural da vida mental no qual as feridas, os traumas, os assuntos pendentes, os talentos enterrados e guardados no inconsciente ao longo da vida emergem no consciente para serem resolvidos ou redirecionados de forma sadia.

Na maioria dos casos, essa crise ocorre em determinada faixa etária, entre 35 e 55 anos[1], sendo possível também a sua presença antes ou depois dessa faixa. Hoje, existem jovens de 25 anos já nessa crise, e adultos com 60 anos que ainda não saíram dela.

E, no centro dessa crise, acontece a dolorosa perda de quem você pensava ser em função do contato com a realidade profunda e gritante da alma.

É a fase de encerramento de muitos ciclos e o início de outros. É um intenso e sofrível momento de perdas, objetivando o amadurecimento e o conhecimento da verdade sobre quem realmente você é e sobre o que realmente quer para a sua vida.

Muitas pessoas, ao atravessarem esse momento que visa preservar a sanidade, acreditam que estão adoecendo ou entrando em uma fase mais grave diante dos quadros da vida. Em alguns casos, atravessar a ponte entre os dois extremos da existência sem uma ajuda especializada pode tornar tudo mais trágico e doloroso, dependendo da intensidade de suas necessidades emocionais e psíquicas.

---

1 *Prazer de viver*, capítulo 2, "Meia-idade, a travessia ao encontro da esperança", autoria espiritual de Ermance Dufaux, psicografado por Wanderley Oliveira.

Que fique claro: quanto mais distante você estiver de sua verdade pessoal, quanto mais longe da conexão com seus verdadeiros sentimentos, mais intensa será essa crise. No entanto, não se desespere porque ela acontece para o seu bem, e o conduzirá a momentos novos e mais promissores.

Seja em que intensidade for a crise existencial da meia-idade, ela o levará ao encontro de sua grandeza e de sua cura pessoal.

Capítulo 5

CULPA POR NÃO GOSTAR DE ALGUÉM

"Estou me sentindo muito mal porque não consigo mais gostar de alguém muito próximo." Essa frase já foi dita por muitos. O nome do sentimento que acompanha as pessoas que se sentem assim é culpa.

No caso, culpa por não gostar mais de uma pessoa que foi muito importante, um parente ou alguém muito próximo.

A cultura de ter de gostar de alguém, sendo que ele nada faz para merecer seu amor ou não favorece que isso flua, é uma profunda fonte de adoecimento.

Algumas abordagens religiosas tornam o assunto ainda mais pesado porque se embasam nos ensinos cristãos que convidam a amar a todos, indistintamente. Sem a habilidade de saber lidar com o tanto de amor que cada um é capaz de desenvolver em relação a cada pessoa, acabam estimulando um elevado nível de autocobrança. A relação humana é uma escola e cada lição tem seu tempo. Cada prova e cada nota virão conforme as possibilidades do aluno.

A grande meta humana, de fato, é o amor a todos, embora, até chegar a esse patamar de aprendizado com algumas pessoas, incluindo as mais próximas, você terá de aprender que, antes desse amor incondicional, muitas outras lições o aguardam, tais como: respeito, superação da indiferença, acolhimento às diferenças, bom aproveitamento da inveja, desenvolvimento da paciência, cooperação mútua e outras tantas.

As relações humanas não são idênticas. Com cada pessoa aprendemos uma lição, e cada oportunidade traz sentimentos e posturas diferentes.

Não se recrimine por não sentir amor por algumas pessoas, quando a vida lhe reserva outro gênero de aprendizado para com elas. Faça o seu melhor e verifique qual é a lição a ser aprendida.

"As relações humanas
não são idênticas.
Com cada pessoa aprendemos
uma lição, e cada oportunidade
traz sentimentos e posturas
diferentes."

Capítulo 6

ESTRESSE, DOENÇA SILENCIOSA

Quando você trabalha, trabalha e trabalha, e no fim do dia tem a sensação ruim de que não fez nada, isso pode ser cansaço acumulado, mas também a doença silenciosa chamada estresse, que vai se instalando no corpo e na mente sem que você perceba. Examine o assunto com seriedade. Se for cansaço, o repouso resolverá, mas, se for estresse, só o repouso não será suficiente. Você terá de tomar outras iniciativas. Vejamos algumas ações que podem ser úteis ou não, dependendo da maneira como cada um leva a vida:

- Evitar bebidas ou vícios que causem ainda mais fadiga ao corpo.

- Criar um ambiente relaxante para dormir, sem TV, conversas ou a ingestão de alimentos que excitem ainda mais a sua mente.

- Aumentar seus momentos de lazer.

- Pensar muito se você quer realmente fazer qualquer atividade por pura obrigação.

- Mudar a rotina dos lugares que você vai para se divertir e buscar novos ares.

- Tirar umas boas férias assim que puder.

- Utilizar recursos naturais que vitalizem sua energia: banhos de sol, uso de florais, alimentação saudável etc.

- Não levar trabalho para casa.

- Ter atividade física regular.

- Consultar um profissional da saúde mental. Fazer uma avaliação e investir nos cuidados com você.

Sua vida vai responder com bênçãos e saúde.

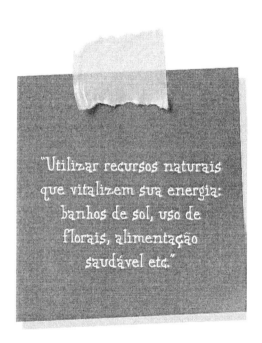

"Utilizar recursos naturais que vitalizem sua energia: banhos de sol, uso de florais, alimentação saudável etc."

Capítulo 7

TEMOS DE TER EDUCAÇÃO PARA DISCORDAR

Uma coisa precisa ser dita: até para discordar temos de ter educação.

Discordar não é sinônimo de ofender. Falar o que se pensa para contestar uma opinião não nos dá o direito de atacar ou de transformar um assunto geral em algo de natureza pessoal. Há que se ter noção a esse respeito. Imaginem como deve ser difícil conviver com uma pessoa que quer sempre ter razão, que quer sempre que a sua vontade e opinião prevaleçam!

Vejamos alguns exemplos que podem amenizar bastante nossa fala quando queremos discordar de alguém:

- "Fulano, sem desmerecer a sua fala, eu penso que podemos analisar este assunto de outra forma, como por exemplo..."

- "Achei interessante seu ponto de vista, mas acredito que é possível também ver esse assunto da seguinte forma...".

- "O que você acha de examinar esse tema dessa forma?"

- "Concordo parcialmente com seu ponto de vista e acrescento o seguinte..."

- "Respeito sua forma de pensar, embora veja isto de outro jeito."

- "Você pegou um aspecto interessante do assunto. Vou acrescentar outro para nossa reflexão."

- "Também já pensei assim antes, mas agora vejo de outra forma."

- "Sim, entendo você e seu ponto de vista. Mas, lembrando que ponto de vista não passa da vista de um ponto, deixe-me colocar o meu."

- "Eu penso que sua proposta pode ser boa, mas acredito também em outro caminho de solução. Vamos avaliar qual é a melhor opção?"

- "Compreendo sua decisão, mas pense um pouco mais sobre outras possibilidades. Possivelmente novas ideias e pensamentos vão surgir."

- "Interessante seu ponto de vista. Vou pensar a respeito. Por enquanto, permaneço com outra forma de pensar."

Pense em outras formas elegantes de discordar com educação, fique à vontade!

Capítulo 8

EXISTEM PESSOAS QUE OFENDEM SEM INTENÇÃO DE FAZÊ-LO

Você será magoado diversas vezes por alguém que o ama muito e não tinha nenhuma intenção de fazer isso, mas você também magoará a quem ama, sem intenção de fazê-lo.

É incrível, mas parece ser muito difícil aprender a lição do amor pulando o capítulo da mágoa!

De alguma forma é simples de entender, pois o amor verdadeiro não faz pacto com as ilusões que incentivam moldar o outro de acordo com a própria opinião. Só existe amor realmente quando se ama as pessoas como elas são e não como gostaríamos que elas fossem.

O que acontece na convivência é algo assim: você não espera determinadas atitudes ou reações de alguém com quem tem algum tipo de relação e, quando ele não se encaixa no seu modelo de expectativas, pode surgir a ofensa. Nessa hora, você diz: "eu não esperava isso de você!".

A vida é assim, acostume-se! As pessoas são quem elas são e pronto! Elas não são como você gostaria que fossem. Se você espera demais delas, prepare-se para se decepcionar muitas vezes na vida. Espere algo de quem ama, mas não espere demais!

O que pode e precisa ser buscado é a capacidade de lidar de forma harmoniosa e criativa com suas frustrações nas relações humanas.

Vá em busca de soluções para curar as feridas que ainda carrega no seu coração.

O que você fez ou o que fizeram com você no passado não importa mais. O que importa é o que você vai fazer com tudo que lhe machuca no presente, transformando essa mágoa em recurso a seu favor.

Quer uma sugestão? Não conceda ao ofensor o poder de machucá-lo.

E como se faz isso? Analise suas ilusões a respeito do que pensava ou esperava de seu ofensor e você verá que ele sempre foi o que é. Você é que dimensionou para mais a imagem que tinha sobre ele.

Perdoe-se por isso e aprenda com seu erro!

Capítulo 9

A CULPA NÃO É DOS PAIS

Os pais não são responsáveis pelas qualidades e imperfeições dos seus filhos. No máximo, pode-se dizer que os genitores potencializam aquilo que eles já trazem em suas almas.

Com seus bons ou maus exemplos, os pais têm uma influência marcante na vida mental e emocional de seus filhos, mas não podem responder pelo que eles escolhem ser e fazer depois de certa idade.

A culpa que muitos pais sentem nesse sentido serve também para reciclar formas de olhar o mundo. Foi ensinado que a culpa acontece quando se cometem erros; todavia, esta não é a única função do sentimento. Ele serve também para propor uma revisão do seu modo de pensar, de suas crenças rígidas a respeito de educação, responsabilidade e livre escolha.

Nas relações de amor, trazer para seus ombros o sacrifício dos resultados das escolhas de seus filhos, quando você foi uma referência saudável de viver, é uma atitude de desamor a você mesmo. A culpa, nesse caso, serve para você repensar e tomar uma atitude mais corajosa e transparente diante dos erros e escolhas deles. Ao contrário, quando a culpa é usada para autopunição, os pais ficam fracos e reféns de manipulações dos filhos.

Perdoe-se se você errou e, se não for este o caso, use sua culpa para organizar melhor suas estratégias e para enfrentar os desafios apresentados por seus filhos.

"Nas relações de amor, trazer para seus ombros o sacrifício dos resultados das escolhas de seus filhos, quando você foi uma referência saudável de viver, é uma atitude de desamor a você mesmo."

Capítulo 10

CONTROLADORES

Controladores são pessoas que quando descobrem que controlam tudo e precisam mudar, adotam a seguinte proposta: "Tenho de parar de controlar!".

Preste atenção na expressão "tenho de". Quando alguém diz: "Tenho de parar de controlar", já está controlando. Os controladores são pessoas "tenho de". "Tenho de ligar para alguém para dar os parabéns", "Tenho de ir ao mercado fazer compra", "Tenho de tomar sol", e assim por diante.

Isso acontece porque, com o passar do tempo, na vida dos controladores tudo se torna obrigação, peso, dever. Até o prazer pode se tornar pesado. Vejamos um exemplo: "Hoje tenho de fazer sexo". Algo que deveria ser prazeroso e espontâneo, na vida dos controladores pode se transformar em um problema, em algo forçado, planejado.

Controladores que querem se tratar necessitam reeducar seu modo perfeccionista de lidar com a vida, com as pessoas e também consigo mesmo. Quase sempre são muito idealistas, esperam demais de si e dos outros. Como não conseguem domínio interior, tentam controlar tudo ao redor.

O segredo é começar a trocar o "tenho de" pelo "eu quero". "Hoje eu quero me divertir", "Hoje eu quero ligar para meu irmão e dar os parabéns".

A vida é leve. Os problemas ficam maiores quando tentamos controlá-los. Certas coisas são para acontecer, mas tem gente que parece passar a vida usando sua energia para evitar que elas aconteçam. Controladores sofrem muito até aprenderem que existe outra forma de viver e que é possível ter segurança e ótimos resultados por outros caminhos.

"O segredo é começar a trocar o "tenho de" pelo "eu quero". "Hoje eu quero me divertir", "Hoje eu quero ligar para meu irmão e dar os parabéns"."

Capítulo 11

O SENTIMENTO QUE MAIS CORRÓI SUA PROTEÇÃO ENERGÉTICA

A pessoa ansiosa altera, principalmente, seu chacra solar (próximo ao umbigo), aumentando a velocidade de sua rotatividade. Por causa disso, este chacra adquire a cor laranja (sua cor natural é o amarelo) e se aquece, indicando alta velocidade. A partir daí, exala no ambiente um odor vibracional de inquietude. Quem estiver perto de uma pessoa ansiosa sente esse odor psíquico como uma incômoda energia, e pode apresentar vários tipos de reações, como irritação, desassossego, arrepio, ou sofrer roubo energético, sentindo cansaço.

O chacra solar afeta diretamente o frontal (no meio da testa), alterando as funções do pensamento de quem está ansioso e gerando preocupações imaginárias. Afeta também o chacra genésico (na região sexual), consumindo doses extras da libido e diminuindo o desejo.

O sentimento raiz da ansiedade é o medo. Não conviver de forma sadia com esse sentimento traz muitos reflexos na vida. É uma das emoções mais presentes nos dramas humanos. A maioria das pessoas não foi educada para ouvir quais são as mensagens positivas do medo e, quase sempre, fica paralisado ou vive uma vida limitada em função daquilo que temem.

Examinemos um mecanismo desse sentimento que mais corrói sua proteção energética.

Existe um padrão de circuito emocional muito comum nas culturas ocidentais que estabelece um vínculo prejudicial entre medo, estima pessoal e competência.

Isso funciona da seguinte maneira: quando a pessoa vai fazer um bolo, "morre de medo" de estragar os ingredientes e fazer algo além do ponto. Resultado: ele sai horrível, duro, sem graça, e coitado de quem provar o danado! Depois do medo de errar, vem um profundo autoquestionamento a respeito da sua capacidade pessoal e, por último, um leque de ações como cobrança, remorso, tristeza, decepção, mágoa e sensação de fracasso. Algo do tipo: "Não presto nem para fazer um bolo, que dirá para outras coisas!".

O medo, nesse exemplo, é fundamental, porque ele vai criar o estado de atenção na execução do bolo, o cuidado com as medidas, a concentração no que se está fazendo, mas essa conexão com a estima pessoal e a competência é cultural, fruto de uma educação insana e pautada em temores e repressão. Algo do tipo: "Se você fizer isso, não pode se considerar uma boa pessoa.", "Se você fizer aquilo, você será castigado.".

Esse padrão suicida da autoestima abarca muitos medos. O medo de errar, de não dar conta, de não dar certo, de fracassar, de tentar, de arriscar, de enfrentar, e até o medo de ter medo.

Além do processo terapêutico, incluo a educação emocional como caminho seguro para se aprender a lidar com o medo e a tirar ótimo proveito dele.

Capítulo 12

O AMADURECIMENTO É LIBERTADOR

Você amadurece à medida que constrói suas opiniões, escolhas e sentimentos que são patrimônio seu e não somente frutos de crenças absorvidas de outras pessoas.

Mas não é só isso. Tem muita gente que tem suas próprias convicções e, no entanto, transforma sua vida e a dos outros em um verdadeiro inferno, demonstrando toda a sua imaturidade pelos caminhos da presunção e do orgulho.

A maturidade ocorre quando o seu conjunto de valores lhe proporciona uma vida mais rica de experiências e um saldo positivo nas conquistas de cada dia. Tenha sabedoria para empregar a seu favor o que realmente lhe pertence e o coloca totalmente de bem com a vida.

Você viverá bem melhor se aceitar que nem todos os seus planos ou interesses serão realizados totalmente.

Quando você mantém relativa harmonia diante de suas decepções, dissabores, imprevistos e más notícias, isso é um sinal de maturidade.

Acolher esse estado de aceitação não quer dizer que você não deve ter planos e metas ou que deve abaixar a cabeça e nada fazer. Mudar seu olhar para esses fatos será o bastante para se libertar do peso que é carregar efeitos emocionais nocivos nas costas.

Viva os acontecimentos e desapegue-se da teimosia em querer controlar a vida. O fato de as coisas não estarem do seu jeito não significa que elas estejam ruins.

Quase sempre quando algo não está dentro do seu modelo julgador e exigente, isso significa que a vida está preparando um caminho melhor e mais feliz para você.

Amadureça! Aceite e olhe a vida de outra forma e o melhor vai acontecer, porque o amadurecimento é libertador, isto é, liberta da dor.

"Você viverá bem melhor se aceitar que nem todos os seus planos ou interesses serão realizados totalmente."

Capítulo 13

FLORESÇA, SENDO VOCÊ MESMO!

A maior conquista da alma é construir sua originalidade e ser fiel ao seu mapa pessoal na direção do progresso individual.

Você pode se espelhar em alguém para obter inspiração e motivação, o que é algo saudável, mas não prolongue sua relação de espelhamento por muito tempo ou de forma exagerada. Você corre o risco de adoecer emocionalmente e penetrar no sombrio campo da idolatria, do fanatismo e da paixão alucinante.

Utilizar padrões que pertencem aos outros por muito tempo pode ser um movimento do ego chamado "identificação psicológica", cujo mecanismo inconsciente consiste em se nutrir da sensação de que o imitador se sente tão ou mais capaz que seu objeto de imitação. Isso é uma ilusão, uma doença, uma falta de amor a si mesmo, uma carência que precisa ser tratada.

A beleza da vida está em ser quem você é, em buscar sua autenticidade, em valorizar seu caminho único e pessoal.

Imitação não é critério de amadurecimento. Ao contrário, pode indicar perturbação.

Bonito é ser você e não fazer cópias. É florescer onde você foi plantado.

Sua tarefa é simples, poucos a percebem? Floresça.

Sua tarefa é complexa, chama a atenção? Floresça.

Bonito é você se permitir florir com aquilo que você é e com aquilo que você pode.

Qual o caminho para isso? Autoamor, isto é, você se olhar sempre como um fruto de Deus, como uma das boas rotas pelas quais a vida vai se embelezar e como um plano do Criador para iluminar a vida.

Floresça, sendo você mesmo!

"Bonito é você se permitir florir com aquilo que você é e com aquilo que você pode."

Capítulo 14

TODOS PRECISAM DE AJUDA

O fato de não procurar ajuda quando ela se torna necessária é um dos caminhos que aumentam o sofrimento humano.

A palavra e a orientação de um bom amigo, de alguém que nos apoie ou de um terapeuta podem evitar muitos anos de prisão a um mesmo problema. O orgulho de não aceitar apoio pode levar à morte antecipada, ao desespero e a uma vida sem esperança.

Não fomos criados para encarar a evolução de maneira solitária. Quando você fica sozinho na dor, sua mente, já viciada nos problemas, aumenta a extensão da realidade, criando fantasias, e o seu poder de encontrar soluções fica acentuadamente limitado.

Tenha humildade e busque ajuda. Não precisar de ninguém não é sintoma de força, mas sim de arrogância. Todos nós precisamos de ajuda.

Muitas pessoas investem em suas próprias vidas. Não estão doentes, não estão sofrendo, não estão com problemas graves e, mesmo assim, querem se entender, querem alcançar seu autoconhecimento.

Se muitos já perceberam que buscar ajuda é crescer sem sofrimento, imagine quem se encontra aflito o quanto não está precisando de apoio. Quem está em crise, precisa fazer o mesmo. Busque ajuda em seu próprio favor.

Quebrar o falso manto do orgulho que dá uma sensação de proteção é o primeiro passo. Dói muito abrir mão desse manto ilusório e se expor, mas a recompensa vem em seguida. Você passa a sentir emoções nobres com as quais não tinha contato e é aí que nasce o verdadeiro acolhimento de você para com você mesmo.

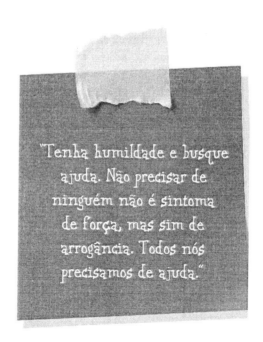

"Tenha humildade e busque ajuda. Não precisar de ninguém não é sintoma de força, mas sim de arrogância. Todos nós precisamos de ajuda."

Capítulo 15

AUTOCOBRANÇA: QUAL A RAZÃO PARA EXIGIR TANTO DE SI MESMO?

Pessoas muito exigentes perdem facilmente o limite entre o que fazem e o que dão conta de fazer. Exigem tanto de si que perdem a noção entre o desejo de realizar e a autocobrança. São os que vivem pressionados pelo "eu deveria": "Deveria ter ligado para fulano."; "Deveria ter acompanhado minha mãe no tratamento."; "Deveria estar mais perto de sicrano."; "Deveria ter comparecido àquele lugar.".

Os exigentes são valorosos em honestidade, comprometimento, dedicação e responsabilidade. Os princípios que os impulsionam são saudáveis e úteis; entretanto, quando excedem na aplicação desses princípios, penetram no sombrio campo mental do conflito exaustivo diante do tanto que fazem, em contraste com o tanto que gostariam de ter feito.

Por causa desse contraste, estão sempre com a sensação de que fizeram pouco ou tiveram baixo rendimento, o que poderá torná-los tão irritados com a sobrecarga que não reconhecem o fato de terem se tornado controladores inveterados e continuam acreditando na sua suposta capacidade de atingir objetivos impossíveis.

Por trás desse comportamento de autocobrança, existem programações mentais que funcionam baseadas em crenças limitantes do tipo "Para ser reconhecido, tenho de dar conta de tudo."; "Se eu não conseguir tal desempenho, não serei amado."; "Se eu não tiver um ótimo resultado, serei rejeitado.". São crenças perfeccionistas, motivadas pela necessidade neurótica de excelência como caminho para uma autorrealização ilusória.

Com isso, o autocobrador ultrapassa seus próprios limites sem perceber, perdendo uma grande dose de energia astral e mental que vai levá-lo ao estado de estresse e desvitalização. Ele é seu próprio sugador, seu próprio obsessor, seu maior inimigo.

Essa necessidade compulsiva pela perfeição esconde uma dificuldade de aceitar algo em si mesmo. Quase sempre é uma questão relativa à baixa autoestima. É tão complexo o assunto que algumas pessoas, por exemplo, não aceitam se sentirem imperfeitas, frágeis ou falíveis. O pior disso tudo é que essa compulsão lhes subtrai a possibilidade de valorizar e se alegrar com os avanços e as conquistas reais que já fizeram, sentindo necessidade de fazer mais e mais em busca de um estado íntimo de gratificação que nunca acontece.

Fazendo as pazes com essa limitação, você pega leve consigo mesmo e com a vida. Elimina a rigidez ou a emprega de maneira adequada. Percebe que não precisa (nem quer) viver como um inimigo de sua própria alma. O remédio para isso é identificar qual crença está orientando esse tipo de comportamento, e reenquadrá-la em novas perspectivas de amorosidade a si mesmo. Se não consegue fazer isso, busque ajuda.

Além disso, é importante investigar também quais modelos de viver você herdou e que não atendem a suas particularidades e seus talentos.

Um dos caminhos práticos, depois de examinadas as causas mais profundas da autoexigência descabida, é começar a exercitar a substituição das obrigações pelo direito de usufruir a vida. Encerrar o ciclo do "deveria isso ou aquilo" e começar a perguntar e priorizar "será que eu quero?".

A vida é para ser vivida de forma leve. Mais importante que a força e a rigidez é a direção que você imprime aos seus esforços. Ninguém nasceu para carregar o mundo nas costas.

Capítulo 16

TER DÓ
DE ALGUÉM

Uma coisa é clara: se você sente pena de alguém, está querendo resolver situações ou mudar a vida dessa pessoa que, na sua avaliação, está com algum sofrimento. A verdade é que ter dó, na maioria dos casos, esconde uma crença de que os outros não são capazes de resolver os seus problemas, ou seja, apesar de você querer ser solidário, não acredita na capacidade do outro. É um sentimento "meio pobre", enfermiço, que não enriquece quem sente nem quem é alvo dele.

Isso não é amor, é neurose. É como se pena fosse amor e, sendo assim, sua obrigação seria colocar sobre suas costas as dores, as dificuldades e a vida de quem você ama. Toda vez que sente dó de alguém, primeiramente está dizendo que não acredita na competência daquela pessoa para resolver os desafios que a ela pertencem e, além disso, está aplicando o princípio de que amar é adotar o outro e tomar conta da vida dele.

Com base no princípio da adoção, relações afetivas adoecem e viram campo para abusos e traições. Assim, parentes exploram a boa-fé uns dos outros, colegas lhe sobrecarregam de trabalhos que você não tinha de fazer, vizinhos deseducados ultrapassam os seus direitos na convivência social e filhos egoístas abusam de seus limites.

Amar, antes de tudo, é saber se proteger dos problemas que competem a outros resolver. Você ama? Então incentive essa pessoa a acreditar em si para que ela mesma faça o que lhe compete e que somente a ela pertence. Amar não é ter dó. Essa pena que muitas pessoas sentem, no fundo, é um sintoma de desamor a si mesmo, de carência e de solidão.

Quem ama de verdade acredita na capacidade alheia e, mesmo que se sensibilize com as limitações e dificuldades dos outros, se afastará desse estágio enfermiço nos domínios do sentimentalismo.

Incentive o amor-próprio do outro e cultive o seu também.

"Amar não é
ter dó. Essa
pena que muitas
pessoas sentem,
no fundo,
é um sintoma
de desamor a
si mesmo, de
carência e
de solidão."

Capítulo 17

LIDAR COM A CULPA: UM APRENDIZADO FUNDAMENTAL PARA SUA PAZ

A culpa é um sentimento que pode ser útil e ter uma função libertadora, mas, para que isso aconteça, é necessária uma orientação emocional que, em alguns casos, deve ser acompanhada de ajuda terapêutica. É uma ginástica para os "músculos afetivos" que exige algumas etapas para que os resultados não lesem quem se sente assim, uma vez que ainda não está com seu condicionamento mental e emocional em dia. Enquanto não se aprende qual a função luminosa e terapêutica da culpa, vive-se no sofrimento causado pelo remorso.

Culpa não é um sentimento que serve apenas para indicar que fizemos algo errado ou transgredimos alguma regra. Ela é, também, indicadora de crenças, valores e princípios de vida que não lhe servem mais e estão pedindo reciclagem.

Quando alguém chega e me diz estar sofrendo muito com a culpa, eu digo: que ótimo! Você está sendo chamado a um novo caminho que vai lhe fazer muito feliz. O que essa culpa quer lhe mostrar pode ser muito positivo para você!

A partir daí, constrói-se uma radiografia da anatomia emocional para entender a que a culpa está relacionada e que revisão ela está sinalizando. Em seguida, é só traçar os exercícios para renovação de conduta e mudança na forma de entender o que ela quer mostrar. O alívio é imediato.

A culpa transforma-se em agente de transformação e a pessoa quase não acredita que ela possa promover uma mudança tão importante em sua vida. Isso se chama educação emocional, parte integrante de um processo libertador e formador de qualidade de vida.

Além da estrutura emocional é necessário examinar também os efeitos energéticos desse sentimento que costuma causar muitas doenças e problemas orgânicos quando perdura muito tempo na vida psíquica.

A culpa tóxica é uma das maiores produtoras de matéria astral adoecida. É a culpa tóxica aquela seguida de autopunição, de uma profunda sensação de mal-estar consigo mesmo, o estado de remorso.

Essa matéria mental bloqueia alguns chacras por onde deveriam circular livremente os campos de energia da saúde, criando uma pane na aura e no duplo etérico (corpo energético). Os chacras frontal (no meio da testa) e esplênico (localizado no baço) são profundamente agredidos em suas funções por essa matéria astral pegajosa, de cor verde-musgo.

Essa pane energética, com o tempo, pode ser sentida por meio da angústia, o sintoma claro da desorganização interior, afetando, por fim, o chacra cardíaco (localizado no coração). A rotação desse chacra é diminuída e cria a sensação de opressão, angústia e dor no peito.

Em nível físico, os reflexos mais identificáveis desse quadro de desequilíbrio são: desvitalização acompanhada por fadiga, desânimo e indisposição para movimentar-se; prisão de ventre; problemas respiratórios; enxaqueca; tristeza persistente sem causa aparente; dores cervicais e lombares; alergias e outras dores físicas e emocionais.

Aprender a lidar com a culpa é conquistar uma parte essencial de sua sombra e construir o caminho para uma vida mais feliz e rica de leveza emocional.

Capítulo 18

PARA AJUDAR É NECESSÁRIO PREPARO

Essa ilusão de achar que temos a capacidade de mudar pessoas que amamos e não querem se modificar é causa de muitas dores emocionais. É como ficarmos presos sem conseguir avançar e sem achar tratamento para nossas dores pessoais.

Algumas mães e familiares, para agravar ainda mais essa ilusão, adotam uma cultura infeliz e distorcida do carma, interpretada de forma incorreta em comunidades religiosas. Nessa visão, as pessoas estão ao lado umas das outras para pagarem dívidas e são merecedoras do sofrimento, para que sejam salvas.

Quando alguém está sofrendo porque sente que não está conseguindo mudar quem ama, na verdade, essa pessoa está precisando de ajuda e orientação. Primeiramente, porque esse sofrimento fragiliza emocionalmente e, nesse estado, ninguém consegue fazer nada de útil por quem se ama. E em segundo lugar porque, enquanto você nutre a ideia de que pode salvar alguém que não quer ser salvo, terá uma vida infeliz, contrariando as sábias leis divinas que estipulam a responsabilidade de cada um pelas escolhas que faz.

Ao receber ajuda e orientação, tudo pode ser bem diferente. Até para ajudar quem você ama, é necessário preparo. Essa cultura popular de que "meu amor será suficiente para modificá-lo" está levando as relações afetivas à ruína. E, apesar de todo o amor envolvido, a mudança só acontece na vida de uma pessoa quando ela quer.

Quem disse a você que aquilo que acredita ser o melhor para alguém é realmente do que essa pessoa precisa? Quem disse que isso vai realmente ajudá-la?

Querer o bem de quem se ama é uma arte, e não apenas ter "bons sentimentos".

O amor exige também novas perspectivas, ideias e estratégias diferentes de agir. Pede um largo entendimento de si e do seu próprio universo emocional.

A maior insanidade humana no amor é fazer sempre as coisas do mesmo jeito, utilizando as mesmas estratégias e esperar que, com relação a quem você ama, os resultados diferentes aconteçam, achando que o que está fazendo é o melhor para essa pessoa ou que deve mudá-la à força.

Ilusão! Isto não é amor.

Capítulo 19

PERDOE-SE POR NÃO SER QUEM GOSTARIA

Uma das expressões mais ricas do autoamor é você se aceitar como é. Esta aceitação passa pelo autoperdão por tudo o que você já fez e o incomoda.

Ao não se aceitar, cria-se um campo emocional baseado na mágoa por você não ser quem gostaria, pela vida não ser como planejou e por nada ter saído como o desejado. Essas sensações geram uma infelicidade, um estado íntimo não muito claro de desgosto com a vida, a ponto de gerar um estado de vitimização, fazendo com que as pessoas se sintam ainda piores.

A pessoa magoada consigo mesma é uma amargurada que determina conflitos improdutivos e desgastantes na sua mente. Falta-lhe doçura em sua vida e vive mal-humorada. Assim, sem nem perceber, adquire uma fisionomia triste e mergulha numa melancolia crônica que a faz se sentir muito sozinha. Em algumas, a irritação é frequente e, em outras, aparecem intensas dores físicas, além das emocionais.

Outro efeito colateral da não aceitação é a inveja, uma das maiores dores emocionais, porque dói demais ver o bem-estar alheio. O problema não é a alegria e a vida dos outros, mas a sua vida, que está adoecida.

Você está vivendo assim? Cuide-se, porque sua situação pode se agravar e isto não precisa acontecer, não é mesmo? Quem quer viver desse jeito? Meu Deus, que sofrimento!

O trabalho de autoperdão e o acolhimento amoroso é o primeiro passo na recuperação desse quadro psicológico. Acolha-se para desenvolver a consciência de suas limitações sem a impiedosa cobrança ou a inimizade a si mesmo. Acolher-se é ser compreensivo e ter um olhar de humildade sobre si. Quem vivencia a humildade, não se sente inadequado. E ser humilde não é ser apagado, ficar de cabeça baixa ou algo do gênero, é ser você mesmo, nem mais nem menos. E o estado de humildade só pode ser conquistado por quem desenvolve um bom nível de autoconhecimento. O autoconhecimento permite a você não querer ser quem não é e favorece a boa relação com seu íntimo.

Capítulo 20

CARO E BARATO: DUAS PALAVRINHAS MUITO CHATAS

Caro e barato, na verdade, são duas palavrinhas bem chatas, utilizadas para definir o valor de algo na perspectiva pessoal. No entanto, esse costume de empregar esses termos para determinar valores apenas esconde uma escala de interesses e prioridades. Por efeito, isto o impede de reconhecer o valor justo daquilo que está além de seus critérios.

O fato de algo estar acima de suas possibilidades financeiras não quer dizer que seja caro, e sim que você não pode pagar por aquilo.

Preço tem muito a ver com a importância que damos às coisas, e essa cotação é definida por prioridade e necessidade.

Pessoas que se amam e avaliam melhor sua grandeza pessoal sabem também avaliar de maneira mais justa seu trabalho e seu dinheiro. Consequentemente, costumam fornecer critérios de juízo bem diferentes. Seus parâmetros vão muito além de simplesmente medir o preço de um bem ou um serviço pelo que ele custa. Essas pessoas não utilizam as palavras "caro" ou "barato", apenas dizem: "o preço é justo, eu é que não posso pagar agora".

Já aqueles que costumeiramente demonstram uma relação não muito bem resolvida com seu dinheiro e apresentam alguma limitação com relação ao autoamor apresentam uma escala rígida e conceitos fechados a respeito de valores. Sem que percebam, esta atitude trava sua energia de prosperidade. "Caro" e "barato" são palavras que podem ser destrutivas, que travam seu desejo de conquistar e impedem sua mente de ser justa com o valor real das coisas.

Parece que assumir "Não posso pagar por isso" é algo muito difícil de declarar e que é preferível usar "caro" e "barato" em tom de crítica e desvalor. Esta postura pode ser uma força tóxica que amarra seus caminhos.

Mude seu conceito. Existem muitas opções em vez de ficar definindo valores que os outros estipulam como justos.

"Sem que percebam, esta atitude trava sua energia de prosperidade."

Capítulo 21

CORDÕES ENERGÉTICOS: VOCÊ PODE ESTAR PRESO A ALGUÉM

Cordões energéticos são laços criados com quem se compartilha relações de afeto. São comuns entre familiares, amigos, conhecidos e até entre pessoas que passaram mais rapidamente pela vida umas das outras e com as quais foram criados laços afetivos, ou também com lugares e objetos. Existem dois tipos de cordões: os luminosos, que são frutos do amor, e os tóxicos, que são resultantes de relacionamentos mal encerrados ou mal orientados.

Cordões energéticos tóxicos podem causar muitos prejuízos e mantê-lo preso a alguém. Eles são sustentados pela troca energética e vínculos de força astral nos quais você emite e recebe uma carga doentia e destrutiva. Por essa razão, são mais comuns essas conexões sombrias entre familiares, colegas e amigos.

O envolvimento emocional é o componente básico para a formação dos cordões dessa natureza, criando um intercâmbio energético parasitário e explorador porque foi criado um processo de convivência mais longo e formaram-se cordões doentios.

A presença da decepção, da mágoa, do ciúme, da inveja, da disputa, da posse, da superproteção e tantas outras emoções na convivência, pode contaminar sua aura e criar enfermidades no corpo físico e no campo mental.

Você não precisa da presença de espíritos nem de magias para tornar sua vida carregada, pesada e infeliz. Os relacionamentos altamente tóxicos com pessoas encarnadas são capazes de causar danos muito maiores em sua vida em função do impacto que os sentimentos desgovernados e típicos desse contexto causam.

Os cordões são indícios de necessidades pessoais. É indispensável uma investigação do relacionamento que você tem com alguém para descobrir porque está conectado a ele e que tipo de emoções mantém esse vínculo. Eles não podem ser cortados nem extintos. Pode-se desintoxicá-los. Com técnicas próprias e educação emocional, é possível o asseio dessas ligações perigosas, verdadeiras algemas invisíveis.

Algumas técnicas para higienizar os cordões tóxicos já foram desenvolvidas e os resultados são muito saudáveis. Existem tratamentos em fase de desenvolvimento para tratar os efeitos perturbadores que esse quadro pode criar na vida das pessoas.

Capítulo 22

PROTEÇÃO CONTRA MÁS ENERGIAS

Algumas pessoas se alimentam da atitude de provocar os outros e causar-lhes irritação. Quando você é envolvido em uma situação como essa, aceita e acolhe esse sentimento. Podemos dizer que essa atitude é bem semelhante a entrar algemado numa prisão com essa pessoa venenosa, trancar a porta e jogar a chave para bem longe.

Aprenda a se defender desse tipo de energia para não gastar um tempo enorme brigando mentalmente, alimentando desforras e consumindo o fator energético tóxico disseminado. Corte esse circuito ou, faça melhor, evite entrar nele.

Caso se encontre contaminado por esse tipo de campo negativo, imagine-se falando para esta pessoa:

"Você tem uma chave e eu tenho outra. Eu abro a porta com minha chave e saio dessa prisão com meu esforço e com minha fé. Tenho todo direito de não ficar preso a você. Minha vida me pertence e eu não quero compromisso nenhum com seu sombrio. Liberto-me e me limpo dessa carga energética que não me pertence. Agora estou abrindo a porta e fechando-a por fora e você deve fazer isso também, se desejar. Eu cuido de mim e não respondo por você. Respondo somente pelo que nasce no meu coração e neste momento nasce a bondade, a leveza e a força para seguir sem carregar pesos que não desejo."

Após a mentalização, faça um Pai Nosso por você (não pense na pessoa durante a oração) e sinta-se livre dessa negatividade.

Para que o "negativo" dos outros não o atinja, é necessário aprender a trabalhar com sua força e a usar seus recursos para se proteger. Monte seu escudo energético de defesa e viva melhor.

"Podemos dizer
que essa atitude é
bem semelhante
a entrar algemado
numa prisão
com essa pessoa
venenosa, trancar
a porta e jogar a
chave para bem
longe."

Capítulo 23

O MAIOR SABOTADOR DE SUA FELICIDADE

A sensação de não merecer a felicidade é uma programação mental que pode causar prejuízos lamentáveis em sua vida. O nome disso é sabotagem mental. A sabotagem interna é um padrão comportamental que necessita de tratamento terapêutico para ser reciclado. Ele funciona com base no sentimento de não merecimento.

Uma das formas de esse sabotador agir é fazer com que se sinta responsável ou até culpado pelas dificuldades dos outros. As expressões preferidas desse padrão são: "Tadinho!", "Coitado!", "Que dó!", "Não consigo aceitar o sofrimento do meu amigo.", "O sofrimento do meu filho me faz sofrer também.", "Vou tirá-lo dessa situação.", "Estou triste porque ele perdeu muito.", "Meu dia acabou ao saber que meu colega foi despedido.".

Essa forma de agir, ao contrário do que muitos pensam, não é bondade ou caridade, mas um problema emocional, uma doença de quem acha que deve se sentir responsável pelas escolhas e acontecimentos dos outros.

Os que se sentem assim acham que não merecem o melhor e estarão sempre se sentindo um pouco (ou muito) culpados pelo que acontece à sua volta. Os que são realmente bondosos e caridosos sabem que podem cooperar com o seu próximo, mas tem noção de seus limites e não se desestruturam com as dificuldades pertencentes ao outro.

Mais uma vez, o remédio do autoamor é a cura para essa conduta que pode trazer problemas sérios ou até irreparáveis em nossa vida.

Um acolhimento amoroso de si mesmo é fonte de saúde, vitalização e paz interior. Falarei mais sobre esse assunto em outros capítulos sobre amor a si mesmo e aceitação das próprias imperfeições.

"A sabotagem interna é um padrão comportamental que necessita de tratamento terapêutico para ser reciclado. Ele funciona com base no sentimento de não merecimento."

Capítulo 24

PESSOAS ESPIRITUALIZADAS

Pessoas excessivamente mentais se afastam de seus verdadeiros sentimentos e adotam modelos de pensar estabelecidos por outros, a partir dos quais tentam gerenciar sua vida. Com isso, aumentam o risco de fugirem de suas obrigações e deveres ou de não saberem como lidar com eles de modo proveitoso. Isso pode causar muito sofrimento.

Esse tipo de pessoa vive de maneira metafísica, focada em coisas extrafísicas, nas coisas além da matéria e idealizadas. Assuntos importantes como sexo, dinheiro, beleza, esporte, política e outras experiências sociais e humanas são vistos como inadequados e a tendência é que se afastem deles, recriminando quem adere a tais costumes.

Se você é excessivamente "mental" e isso está lhe fazendo sofrer, certamente vai precisar ajustar algumas condutas na sua vida.

A vida na Terra é uma bênção e, mesmo com tanto a ser melhorado, é possível viver em razoável equilíbrio e paz. É evidente que, para isso, você terá de ser uma pessoa realista, pé no chão e consciente dos limites entre "viajar na maionese" e se adequar à realidade carnal.

Para ser alguém espiritualizado, você não precisa negar as necessidades terrenas, apenas aprender a usufruir delas para o bem.

"Se você é excessivamente "mental" e isso está lhe fazendo sofrer, certamente vai precisar ajustar algumas condutas na sua vida."

Capítulo 25

AMAR NÃO É SE AFUNDAR COM QUEM NÃO QUER CAMINHAR

Diante de quem precisa de ajuda, você só poderá auxiliar essa pessoa se ela própria quiser o seu auxílio. Caso contrário, mude seu conceito de ajudar. Uma relação de amor não inclui a obrigação de ter de intervir nos resultados das escolhas feitas por quem você ama. Quanto mais insistir nesse conceito de ser responsável por seus entes queridos, mais sufocado e impotente se sentirá. Estes dois sentimentos servem para lhe dizer que o seu limite na relação já foi ultrapassado.

Por incrível que pareça, até para amar existe limite. Se este não for respeitado, você pode até adoecer, porque o seu cuidar se transforma em sacrifício, e onde surge o sacrifício, a conta costuma ser alta. Sua cobrança chega em forma de manipulação, controle e até exploração.

Todos nós temos responsabilidades com quem amamos, mas não somos responsáveis pela vida que eles escolhem viver.

Amar não é se afundar com quem não quer caminhar. É olhar nos olhos de quem quer se afundar e dizer assim: "Se o meu amor não consegue beneficiar e influenciar você de forma positiva, eu vou cuidar de mim e da minha vida."; "Eu não vou apoiá-lo em suas escolhas e não conte mais com as facilidades com as quais eu lhe beneficiava.".

É necessário ter coragem para amar, para colocar seus limites dentro da relação e deixar claro o "risco da perda", isto é, o risco de que a pessoa pode perder sua participação mais direta na vida da outra se não fizer por merecer. Amar é ter postura firme e retirar as vantagens ou as facilidades concedidas à pessoa amada quando ela não responde nem quer responder pelos bens afetivos ou mesmo materiais a ela oferecidos.

E se ao ser firme e transparente com quem ama lhe chamarem de egoísta ou frio, que fique claro para você que egoísta é quem só pensa em si da pior forma possível e ainda acha que todo mundo tem de se adaptar às suas escolhas infelizes. Egoísmo é atitude de quem deseja transformar a vida em tragédia ou somente obter vantagens sem nada oferecer em troca.

Você vai sentir certa dose de culpa ao assumir que existem algumas pessoas queridas que precisam de limites e corretivos e que, para isso, você deverá estabelecer condições nessa relação. Amar, definitivamente, não pode continuar tendo esse conceito cultural enfermiço de que, quanto mais se ama, mais você tem o poder de fazer algo pelo outro. Amor é parceria, e parceria de verdade tem de ser boa para os dois ou para todo o grupo envolvido na relação de afeto e seus vínculos. Em alguns casos, você terá de retirar em vez de dar, de sair da área de conflito, de ter novas estratégias na relação. Enfim, mudar a forma de amar.

Amor cura e liberta, e não inclui que você deva fazer parte da tragédia de quem escolheu se afundar. Se não estiver dando conta de mudar o rumo das coisas, peça ajuda para você. Quase sempre quem tem alguém querido que optou por caminhos infelizes será quem primeiro vai precisar de ajuda, por não saber o melhor modo de agir diante das loucuras desse alguém sem prejudicar a própria vida.

Capítulo 26

QUANDO NÃO É POSSÍVEL AMAR, TER RESPEITO JÁ É UM GRANDE AVANÇO

Existe um capítulo muito especial no livro do amor que nos ensina como amar, apesar das inúmeras diferenças entre as pessoas.

Parece que, com algumas dessas pessoas, simplesmente nada flui ou progride. Ao contrário, parece que o relacionamento tem um poder enfermiço de se complicar, mesmo que você deseje o melhor e ela também.

A dificuldade está, verdadeiramente, na cultura que foi herdada de que amar todas as pessoas significa tratá-las do mesmo jeito e com a mesma afetuosidade e bondade empregada nas relações de amizade. E, quando isso não é possível, a tendência é nos sentirmos mal, como se fôssemos seres inadequados, com ódio no coração. Achamos que o problema está em nós e nos sentimos incompetentes para articular algo de bom em determinado relacionamento.

Nas lições do amor, umas das revisões mais urgentes e realistas para a saúde psíquica e emocional é entender que amar as pessoas não significa se relacionar da mesma maneira com todas elas. Por incrível que pareça, com algumas pessoas as relações precisam de distância, de tempo para que o amadurecimento aconteça e de outras conquistas para que o amor se expresse com mais amplitude, no momento possível. Por isso, reveja sua crença e aceite que amar não é sinônimo de ter um relacionamento simpático, afetuoso e bom com todos os envolvidos. Com algumas pessoas, por enquanto, isso não irá acontecer.

Acreditar que algumas relações não vão se encaixar em seus conceitos de amor é um alívio. Aceite que pode existir um bom sentimento em relação a algumas pessoas, mesmo longe do contato e sem um progresso mais significativo nesse relacionamento. Aprenda isso e relaxe! Não cobre de você e dos outros uma convivência impossível para o momento. Isso pode ser o melhor para você e para o outro. Tente apenas o respeito e já será um grande passo.

Aliás, é um contrassenso querer amar alguém sem ter respeito por essa pessoa. O respeito parece ser uma estação de aprendizado das mais longas e essenciais para se chegar, legitimamente, ao amor. Interpretar o ensino do Cristo de que temos de amar a todos, para a maioria de nós, ainda é uma meta e não uma realidade já conquistada. Um dia chegaremos lá.

Somos semelhantes, mas temos nossas diferenças. A beleza do ato de amar está em aceitar isso e ter no coração o melhor sentimento pelas diferenças. Em muitos casos, o único sentimento possível chama-se respeito.

Quando há respeito onde o amor se torna pouco provável, já está de bom tamanho.

Capítulo 27

ROUBO DE ENERGIA NOS RELACIONAMENTOS

Você já se sentiu mal perto de alguma pessoa? Já viveu essa experiência todos os dias? Chegou cansado no fim do dia, sem forças e se sentindo mal por causa disso? Cogite a possibilidade da perda energética nas suas relações por vampirismo. Isso não é algo que acontece apenas no campo das sensações, é energético, é emocional.

Relacionar-se com uma pessoa que tenha muita inveja de você ou vice-versa é abrir uma porta para simbioses dessa natureza. Ambos tiram força um do outro. E esse "roubo" pode acontecer mesmo quando os envolvidos estiverem distantes.

Quando seu desconforto com a presença de alguém é crônico e dura um longo tempo, pode acelerar o chacra solar (na região do umbigo) a tal ponto que ele vai causar repercussões no chacra frontal (no meio da testa). O frontal, se estiver alterado, prejudica a sua capacidade de percepção e análise dos acontecimentos da sua vida e das pessoas que fazem parte dela. O resultado é um aumento acentuado do estado de preocupação e o surgimento de um alto índice de ansiedade, ambos geradores de desvitalização energética.

Criar uma proteção para os relacionamentos é algo fundamental nos dias atuais, pois, em razão da forma que o ser humano está se comportando, os ambientes sociais estão muito carregados e pesados energeticamente. A oração e as práticas religiosas oferecem recursos muito úteis na construção de escudos protetores para sua aura e sua mente, e devem ser fortalecidos pelas suas forças interiores, para que você não dependa exclusivamente de iniciativas externas e busque orientação sobre como usar seus potenciais de luz.

Existem técnicas com ótimos resultados para proteção de roubos energéticos. Tais técnicas devem ser desenvolvidas, simultaneamente, por um trabalho de educação emocional para você identificar quando existe esse assalto energético em sua vida, radiografar quais são as emoções que abrem as portas para essa experiência e aprender como fechá-las a favor de sua paz, utilizando os recursos luminosos que Deus lhe confiou.

Invista em sua vida. Tenha qualidade em seus relacionamentos. Feche a porta de seus chacras para essas obsessões na convivência.

Capítulo 28

MÁS ENERGIAS TRAVANDO SUA VIDA?

É impressionante o número de pessoas que alegam ser os seus problemas fruto de más energias. Dizem que estão carregados, com energias ruins em sua aura ou com o conhecido mau-olhado, e tentam com isso explicar dificuldades, dissabores e aflições.

De fato, nos dias atuais e por vários fatores, o campo energético está sendo invadido por várias fontes de forças nocivas que afetam a saúde e o bem-estar. Infelizmente, esse assunto vem sendo tratado de forma imatura, como se a "pessoa carregada" não tivesse nenhuma responsabilidade sobre o que lhe acontece. Formou-se uma cultura irresponsável sobre o assunto. Há sempre um demônio ou alguém que represente esse papel sombrio enquanto a pessoa afetada e que busca ajuda para se livrar do problema é tratada como uma mera vítima desse contexto.

É muito fácil responsabilizar alguém, alguma entidade espiritual ou alguma energia ruim por coisas que, antes de tudo, são geradas ou iniciadas em você mesmo. Difícil é assumir que na intimidade de cada um estão as causas de tais infortúnios. Aliás, más energias só podem se agregar a você com seu próprio consentimento, só pegam em sua aura se as portas vibracionais estiverem abertas.

Portanto, é muito importante para quem deseja ter proteção energética construir a consciência emocional e aprender como seu próprio mundo permite que as forças intrusas e nocivas façam parte do seu campo astral.

Se você acha mesmo que a energia negativa do outro pode lhe prejudicar, acertou em cheio! Mas o problema não é a energia negativa vinda de fora, e sim por quais chacras ela está entrando.

Vejamos um exemplo rotineiro. Uma pessoa ansiosa aumenta a velocidade de rotação de seu chacra solar (próximo ao umbigo). Esse aumento de rotação cria um movimento centrípeto, isto é, para o centro, puxando para o interior. Esse campo vibracional para dentro é uma porta para sugar dos ambientes as energias densas e enfermas que podem gerar as mais diversas formas de problemas para si mesmo.

Por meio de um exame no campo energético, é possível detectar quais chacras se encontram em desarmonia. A partir daí, inicia-se um processo terapêutico de educação emocional para que a pessoa aprenda como se proteger e como lidar com as emoções e assuntos pertinentes a seus desequilíbrios.

Antes que as más energias o envolvam, existem emoções que são canais sob sua total responsabilidade, por onde passam ou são impedidas de passar as forças intrusas. O importante é que a própria pessoa aprenda a se abençoar, protegendo-se de todo mal e entendendo que só ela mesma pode travar ou destravar a sua vida.

Capítulo 29

A MISSÃO DOS PAIS NÃO É SE RESPONSABILIZAR PELA FELICIDADE DOS FILHOS

Atualmente, podemos perceber dois grandes erros na educação dos filhos. O primeiro é o de transmitir a ideia de que a felicidade é um direito a ser usufruído independentemente da conquista pessoal; e o segundo é acreditar que a função dos pais é construir o caminho para os filhos serem felizes, algo muito arriscado para boa parte dos jovens.

Os pais podem desejar a felicidade dos seus filhos, mas não devem passar a ideia de que esta responsabilidade pertence exclusivamente a eles. Felicidade é algo pessoal, intransferível e é uma conquista que exige esforço, persistência na obtenção dos recursos íntimos e externos para alcançá-la, é uma trilha individual.

Oferecer a seu filho as melhores condições sociais, religiosas, materiais e intelectuais não é garantia de felicidade. São apenas condições que podem ou não ser utilizadas para que eles próprios construam o melhor para suas vidas.

Cada pessoa é uma alma com necessidades específicas, com um mapa de evolução específico e um projeto de vida inviolável. Discernir o melhor para cada filho é um desafio. Por essa razão, você que é pai, mãe ou educador, comece a pensar que seus planos não garantem a felicidade e que, a qualquer momento da caminhada, é apropriado repensar posturas, anseios e expectativas. Do contrário, corre-se o enorme risco de se cair na frustração e na culpa, principais sentimentos dos genitores ao notarem que seu filho não está bem.

A tarefa dos pais não constitui em moldar seus filhos para aquilo que acreditam que vai fazê-los felizes, principalmente porque esses critérios servem para você e não para eles.

Temos hoje uma geração de pais que passaram por todo tipo de dificuldade e não querem que seus filhos se frustrem, mas isso é um equívoco, pois se frustrar é fundamental para o amadurecimento emocional.

Se você pode facilitar a vida de seu filho de alguma forma, faça isso, mas acompanhe o nível de responsabilidade dele com o que você oferece. Se os recursos não estão sendo bem usados, coloque limite ou retire a facilidade.

Não é tarefa dos pais construir a realização de seus filhos. Aliás, isso não existe nas leis divinas, pois Deus não constrói nossa realização por nós. Essa atitude é mais uma das ilusões sobre o amor. Só podemos trabalhar com liberdade total pela nossa própria felicidade. E, quanto à dos outros, podemos apenas contribuir com ela, incentivá-la e orientá-la. Sua missão, como pai ou mãe é apenas colaborar com a educação, o apoio e a luz para que eles construam essa tão almejada meta em suas vidas, mas com seu próprio esforço.

Felicidade é algo intransferível e particular, repito. É uma questão de merecimento individual e os pais não podem, absolutamente, ser tão onipotentes a ponto de supor que um filho infeliz ou feliz tenha uma relação direta e exclusiva com a forma pela qual ele foi educado. Muitos filhos se afundam na dor e na ilusão porque tem lutas íntimas pertinentes a eles mesmos e a educação no lar, mesmo guardando certo nível de influência, não podem responder por tais lutas. Se os filhos são felizes, uma pequena parte disso tem relação com a conduta dos pais; da mesma maneira, se são infelizes, uma parcela limitada dessa infelicidade pode ser fundamentada nas questões educacionais.

Fala-se muito na importância da família, na modelação do caráter, e isso é mesmo verdade, mas não de forma tão absoluta como se acredita, a ponto de produzir uma geração de pais que sofrem horrores por pensar: "Onde foi que errei?".

Até para exercer com equilíbrio e sanidade a função de pais é necessário autoamor e postura, remédios sagrados para filhos que costumam abusar do sentimento de culpa dos genitores, tornando-os reféns emocionais das relações de desrespeito e codependência. Pais que se amam não aceitam chantagens e explorações egoístas. Haja preparo!

Quando os pais encaminham seus filhos-problema para terapia, provavelmente irão ouvir: "Venham vocês primeiro, depois vamos ver o que pode ser feito pelos filhos.". Quase sempre, ao ensinar os pais como dizer "não" aos filhos, ampliam-se as possibilidades do amor florescer na família.

Pais felizes têm melhores chances de iluminar seus filhos e prestar uma colaboração efetiva para que eles, por si mesmos, trabalhem pela própria felicidade.

"Não é tarefa dos pais construir a realização de seus filhos. Aliás, isso não existe nas leis divinas, pois Deus não constrói nossa realização por nós."

Capítulo 30

NINGUÉM É EXATAMENTE COMO VOCÊ GOSTARIA QUE FOSSE

A mulher vai fazer o exame prático para tirar carteira de habilitação em companhia do marido e do filho. Ela passa no exame e o filho bate palmas, enumera lugares para que ela o leve passear e faz vários planos, já que agora a mãe pode dirigir um automóvel. Alegria total do filho! Enquanto isso, o marido permanece calado e sério. Ela olha para ele com expectativa e nada. Ou melhor, sua cara era de quem não tinha gostado nada da sua aprovação no exame.

Ela tem duas escolhas: ficar feliz e curtir o resultado do seu esforço ou dar importância à atitude do marido.

Quando alguém faz ou diz algo para jogar você para baixo ou simplesmente não o apoia, você terá sempre essas duas opções. Entretanto, não é o que pensa a maioria das pessoas nesse tipo de situação. Infelizmente, nessa hora difícil, muitos reclamam, brigam e ficam tristes, perdendo a alegria íntima, o sossego interno, acreditando na mensagem negativa vinda do outro e absorvendo-a.

Sabe o que acontece na sua vida emocional nessa situação? Você vai querer que a pessoa amada sinta o que você acha que ela tem de sentir. Esqueça essa atitude. Isso não funciona assim e pode, com o tempo, transformar o relacionamento em um jogo de controle e manipulação. As pessoas vão sentir o que elas sentem e não o que você acha que elas têm de sentir. O que você vai fazer com isso, qual estratégia vai adotar, é com você.

A estratégia de querer mudar sentimentos e condutas das pessoas amadas é simplesmente impossível de ser concretizada quando as próprias pessoas não querem mudar. Vamos ver isso no episódio da mulher na nossa história inicial?

Ela poderia ensaiar algo do tipo: "Querido, você não gostou da minha aprovação?". Ele, muito sem graça, talvez dissesse: "Parabéns!".

Poderia ainda ter dito: "Por que você não vibra nem se alegra com minhas conquistas? Isso me deixa muito triste!". Não satisfeito com o comentário, ele poderia ser estúpido e responder: "Tirar uma carteira de motorista? Que vantagem há nisso?".

Pronto! Está construído o jogo de controle e poder na relação. Ele, com certeza, fará isso outras vezes, e ela... coitada! É claro que a recíproca também é verdadeira, quando é o homem que não tem o reconhecimento da mulher.

A melhor estratégia nessa situação é adotar a seguinte postura: "Sigo minha vida independentemente de você.". Isso é fundamental no amor. Não significa desrespeito, indiferença ou egoísmo, e sim que você não vai se submeter ou se anular. Quando se ama de verdade, você não pode arruinar sua vida emocional por alguém que não quer compartilhar com você suas alegrias, conquistas e experiências na vida.

Escolha o melhor e deixe os outros com os sentimentos que são deles. Que eles resolvam o que fazer com o que sentem. Essa postura estratégica de autonomia é muito educativa e inspiradora de relacionamentos sadios e autênticos. Sabe por quê? Porque muitos casais, filhos, pais e outros laços afetivos aprenderam a controlar nossa vida por meio de nossa fragilidade, de nossa tristeza e outras posturas negativas. Percebem que na nossa tristeza pode existir uma boa dose de culpa e nos submetem a constrangimentos pelos quais não merecemos passar.

Imponha-se e avance! Não existe estratégia mais adequada para fazer seus amores avançarem. Ficar triste é passar um recibo ao outro, dando-lhe poderes e arruinando a si mesmo com expectativas que provavelmente não serão atingidas.

A finalidade da tristeza nesse contexto não é levá-lo a cobrar do outro um sentimento que não interessa a ele ou que este não queira sentir. Essa tristeza que bate no seu coração, na verdade, está solicitando sua atenção para as necessárias mudanças a serem feitas nessa relação, independentemente da postura do outro. O importante é mudar suas estratégias.

Ninguém será exatamente como você gostaria que fosse, e isso serve principalmente para os mais próximos.

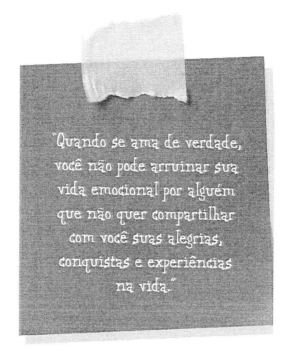

"Quando se ama de verdade, você não pode arruinar sua vida emocional por alguém que não quer compartilhar com você suas alegrias, conquistas e experiências na vida."

Capítulo 31

NÃO MALTRATE SEU FILHO LHE DANDO DE TUDO (1)

Vivemos um dilema de gerações. Em uma ponta, os pais que batalharam muito para conquistar um lugar ao sol, e na outra ponta uma geração de filhos que são poupados pelos pais de todas as frustrações possíveis, para que não tenham de passar pelas mesmas dificuldades.

Esse quadro social chegou a tal ponto que os pais, quando não podem realizar os mimos e desejos de seus filhos, se sentem culpados.

A PNL – Programação Neurolinguística – nomeia esses genitores como "Pais supercompetentes"[1], isto é, aqueles que tentam se adaptar às expectativas de seus filhos e da sociedade. São aqueles que sabem tudo e querem fazer tudo pelos filhos, nunca dizem " não sei", "não posso", "não dou conta" e se sentem péssimos quando não conseguem oferecer algo que facilite a vida deles.

O efeito social desse comportamento é uma geração de filhos sem autonomia, sem capacidade de decidir, sem sonhos, sem responsabilidade e sem limites. Filhos que não têm competências e se sentem sem compromisso algum, já que tem quem faça tudo por eles. Aprendem cedo a fazer os pais de reféns de suas manipulações para conseguirem o que quer. Não arrumam o quarto, não cumprem horários, não gostam de estudar e, quase sempre, optam por caminhos que comprovam sua incapacidade como a droga, a acomodação, a completa dependência de se achar com todos os direitos do mundo.

---

1 Termo criado por Maurício de Souza, Psicólogo e Consultor, *Trainer* Diretor e Fundador do IbraPNL – Instituto Brasileiro de Programação Neurolinguística.

"Não maltrate seu filho lhe dando tudo que ele pede". Esta é uma frase que li e está corretíssima.

Os filhos não têm telhado de vidro. Essa dor que acomete os pais em vê-los sofrer tem vários nomes, e um que aparece com frequência é a culpa.

Nós, pais, precisamos aprender a ser "incompetentes" como foram as gerações mais antigas, que não tinham os recursos de hoje e permitiram aos filhos se virarem, além de os repreenderem severamente quando não cumpriam bem os seus papéis. Precisamos aprender a dizer "não" mesmo que isso implique sentirmos culpa. A função da culpa não é nos orientar para adotarmos comportamentos que afastem a culpa de nós, embora seja esta a estratégia que procuramos na maioria das vezes. A função da culpa é nos fazer rever os princípios orientadores que apontam para as nossas crenças sobre disponibilidade excessiva, sobre sermos os melhores e os mais competentes. É urgente fazer o extremamente necessário e, para isso, a experiência nos mostra que devemos trabalhar exaustivamente o sentimento de culpa.

Capítulo 32

NÃO MALTRATE SEU FILHO LHE DANDO DE TUDO (2)

Para trabalhar o sentimento de culpa, existem técnicas e recursos, porém, quais pais estão dispostos a sair de seu pedestal de onipotência e arrogância? Quais estão dispostos a entender que o conflito de hierarquia entre os cônjuges pode responder por um número incontável de filhos irresponsáveis? Quais tem coragem para aprender a se qualificar perante o outro para não oferecerem portas à manipulação dos filhos?

Muitas vezes, filhos com problemas têm por trás deles famílias disfuncionais, em que os papéis não são claros nem comunicados. Há, inclusive, uma série de sintomas sobre o que alimenta essa disfuncionalidade. Filhos com problemas são indícios marcantes de que os pais precisam ser tratados.

A comparação pode parecer ofensiva e imprópria, mas é uma metáfora muito apropriada: estamos precisando de pais "incompetentes". Os pais "supercompetentes" acham que podem e têm obrigação de fazer tudo, tornam-se excessivamente disponíveis para os filhos, por isso vivem extremamente sobrecarregados e são presas fáceis nas mãos de pequenos gênios manipuladores que, mais tarde, podem se tornar rebeldes sociais. A palavra "competência" vem do verbo "competir". E essa competição em ser o melhor pai ou a melhor mãe acaba permitindo que os filhos sejam os piores filhos. Pais que estejam neste modelo e que desejam novos resultados a partir de suas ações precisam repensar *para que* estão competindo". Quais são os princípios que orientam os pais a agirem assim e qual a finalidade disso?

Quando você faz tudo pelo que julga ser "o bom" e "o melhor" para o seu filho, está passando a mensagem de que ele não é competente nem precisa se preocupar em resolver nada.

Enquanto preocupações excessivas, medo e culpa tomarem o lugar do verdadeiro amor, vamos ser escravos de nossos filhos. Quando o amor florir, saberemos fazer acordos que sejam bons para todos, determinaremos regras que, se não forem seguidas, poderão gerar limitações ou corte de benefícios, não passaremos a mão na cabeça deles, não ficaremos chocados com as pirraças de filhos de qualquer idade, nos libertaremos da ideia de que somos responsáveis pelos desacertos dos nossos filhos e vamos prepará-los para assumir os resultados de suas escolhas.

Quando você confia na competência de seu filho, ele dará o melhor de si.

Capítulo 33

PROBLEMAS ESPIRITUAIS OU EMOCIONAIS?

Antes de cogitar sobre os problemas espirituais que atrapalham sua vida, examine com honestidade quais portas emocionais você está abrindo para as perturbações e entraves.

Explicar suas dificuldades com teorias místicas é fugir da responsabilidade de assumir que tudo começa e termina em você. É você que pode construir sua paz ou permitir a entrada do mal em sua existência.

Se você espalha o amor, colhe bênçãos e alegria. Se você cultiva má intenção, não espere bons resultados em seu caminho; se deseja o mal de alguém, atrai tudo de pior; se é vingativo, sua vida pode se tornar um inferno. Enfim, você é o início e o fim de tudo que lhe acontece. A colheita sempre depende da plantação. Sua vida espiritual e sua energia astral dependem de quais sentimentos e pensamentos você sustenta em sua vida.

Cultive sempre o bem nas atitudes, o amor no coração e a luz da oração. Não existe maior proteção para sua vida.

"A colheita sempre
depende da plantação.
Sua vida espiritual e sua
energia astral dependem
de quais sentimentos
e pensamentos você
sustenta em sua vida."

Capítulo 34

AUTOAMOR: O MELHOR ESCUDO DE PROTEÇÃO ENERGÉTICA CONTRA O MAL

Existe uma exagerada tendência humana de explicar os acontecimentos da vida como se tudo tivesse causa espiritual, principalmente quando acontece algo negativo ou um desgosto na vida. Algumas pessoas chamam de azar, outros falam em "encosto", e há quem afirme se tratar de "coisa feita" (magia).

Em Psicologia, essa tendência é chamada de pensamento mágico, uma forma de associar causas e efeitos sem nenhuma relação. Este pensamento é característico de certo nível de imaturidade psíquica e emocional, que, por efeito, dilata a tendência mística do ser humano. Essa imaturidade afasta a pessoa de sua responsabilidade perante a vida e de seus sentimentos, podendo gerar atitudes fanáticas.

Embora seja inegável a influência do lado espiritual em nossas vidas, isso não acontece sem o componente emocional que serve de base e está na pessoa envolvida. Transferir a terceiros ou a fenômenos externos todas as causas das complicações que acontecem com você é uma atitude de fuga.

Tudo em sua vida acontece apenas com seu consentimento ou com alguma participação sua, mesmo que inconsciente. Seu emocional é a porta que se abre para que coisas boas ou ruins ocorram.

Por exemplo, quando você pensa estar sem sorte ou sente que há algo contra você, esta sensação é um indício de que lhe falta proteção. Sabe de quem é a responsabilidade dessa falta de proteção? É sua. Vamos verificar como isso acontece.

A relação afetiva que você tem consigo mesmo emite uma energia muito poderosa. Quando essa relação é boa e rica de autoestima forma-se um escudo natural de proteção em sua aura, que, além de ser sua defesa é também a fonte de atração de todas as coisas boas que lhe cercam. Por outro lado, se você tem uma relação de falta de valor e prestígio, carregada de desamor a si mesmo, sua aura emite uma energia que enfraquece suas defesas e atrai para você o que existir de ruim ao seu redor. O amor que você tem a si mesmo estabelece uma frequência de forças tão poderosa que vai além da oração, do amparo espiritual e das forças da natureza porque, na verdade, quem se ama está pleno, e estes recursos o complementam. Somos deuses! Todos nós temos essa força a nosso dispor, basta aprender a manejá-la com habilidade.

Estima pessoal é o segredo das relações humanas saudáveis e de uma vida protegida da inveja, da malquerença e dos julgamentos inadequados.

Autoamor é, sem dúvida, um escudo energético de proteção sem igual. Por meio dele, os chacras solar e frontal, principais pontos de entrada de energia vinda de ambientes e pessoas, são bloqueados, formando-se uma camada azul-clara que impede a absorção das cargas tóxicas. Autoamor, portanto, é "corpo fechado".

Se você acolhe sua vida, suas atitudes e seus sentimentos com bondade, carinho e paciência, se você trata a si mesmo com ternura e carinho, isso compõe a sua proteção e preserva seu bem-estar físico e espiritual.

Faça sua oração, busque seus rituais e use seu patuá, mas não se esqueça de que não existe nada tão forte quanto o seu próprio coração sintonizado com o bem a si mesmo.

Autoamor é força divina de defesa e fonte de luz para todos os passos na sua vida.

"O amor que você
tem a si mesmo
estabelece uma
frequência
de forças tão
poderosa que vai
além da oração,
do amparo
espiritual e
das forças da
natureza porque,
na verdade,
quem se ama
está pleno, e
estes recursos o
complementam."

Capítulo 35

GANHOS SECUNDÁRIOS NAS RELAÇÕES TÓXICAS

Por que as pessoas vivem relacionamentos tóxicos e destrutivos e mesmo assim continuam a mantê-los?

As respostas a essa pergunta podem ser muitas. Sejam quais forem os motivos, há algo nas relações tóxicas que faz parte da estrutura de manutenção de quase todas elas: são os ganhos secundários. Essas motivações representam pontos que, de alguma forma, estão sendo supridos pela relação e que a pessoa não quer admitir. Elas geralmente são inconscientes e dão a ilusória sensação de vantagens e de segurança em meio ao sofrimento das relações abusivas. Parece um contrassenso, mas é assim que funciona a mente. Você sofre, mas a mente elabora um falso mecanismo de compensação com o qual você adia qualquer decisão sensata.

Vamos a alguns exemplos comuns. Uma pessoa é afastada de seu trabalho por conta de um problema psicológico, depressão, por exemplo, e isso representa um ganho em se manter doente, porque assim ela não tem de voltar ao trabalho detestado, não importando se isso é saudável ou não. Uma mãe que sofre de enxaqueca crônica e de desmaios frequentes pode querer manter este quadro porque, talvez, seja esta a única forma de obter carinho e atenção da família.

Isso ocorre também nos relacionamentos tóxicos. Uma mulher não se separa de um homem temperamental e agressivo, apesar do sofrimento que isso lhe causa, porque ela tem enorme estabilidade financeira com a continuidade do casamento ou tem medo de ter de construir sua autonomia. Um homem não larga a mulher que não lhe corresponde ao seu afeto porque ela representa o perfil de mulher ideal tão sonhado pelos familiares e, enquanto continua com ela, em sua concepção ilusória, permanece casado e respeitado pelos parentes e amigos que, diante de uma separação, vão afirmar que ele não deu conta do recado.

Quando situações da vida que aos olhos de todos são visivelmente prejudiciais, inaceitáveis e perigosas são mantidas por uma pessoa que alega não ter coragem para mudar, quase sempre há ganhos secundários. É uma sabotagem do inconsciente.

Em terapia, é muito importante descobrir, observar e reconhecer esses "ganhos". Percebe-se com muita frequência que uma das razões mais comuns para a pessoa não se desapegar de outra em relacionamentos tóxicos, que não agregam nada, é o medo da solidão. Algumas pessoas preferem as brigas e os abusos da parte da outra a ter de enfrentar a vida sozinha. É um quadro de baixa autoestima, em que a carência de se completar em outra pessoa é algo compulsivo e incontrolável.

Somente quando se tem consciência desse ganho ilusório é que cada um se torna capaz de escolher entre manter esse tipo de convivência ou fazer algo para transformá-la ou, se for caso, encerrá-la em sua vida. Em uma relação pesada e destrutiva, o mais importante é avaliar o que está ao alcance de ser realizado por quem deseja recuperá-la. Muitas vezes, a única possibilidade é cuidar de si mesmo e nada mais. Em outras, é possível buscar ajuda e resgatar o relacionamento na direção da parceria e do amor.

O que é muito insensato de se pensar em qualquer relação, seja tóxica ou não, é a ideia infeliz de compromisso para pagar dívidas espirituais com o outro. Temos, em primeiro lugar, o compromisso de reconciliação com a nossa consciência, com nós mesmos, e com a construção de nossa autonomia e felicidade. A única pessoa que não podemos deixar de resgatar é nosso próprio eu e, nesse caso, mal estamos dando conta disso. Essa ideia de compromisso cármico com o outro é uma deturpação proveniente de conceitos religiosos mal entendidos. Com o outro, temos relações de cooperação, apoio, gratidão e/ou outras leis universais que unem os seres pelos sagrados laços do amor para aprendizado mútuo, crescimento emocional e espiritual.

Ficar ao lado de alguém por acreditar que veio aqui para sofrer ou que não merece algo melhor é um traço de profunda doença emocional, que requer tratamento e acompanhamento como qualquer enfermidade física grave.

Seja feliz, avance em sua vida, identifique os ganhos secundários e abra mão deles em favor de uma vida real, leve e amorosa. Vá em busca do amor, da alegria e da maturidade, únicas estradas que valem a pena trilhar nos relacionamentos afetivos.

"Temos, em primeiro lugar,
o compromisso de reconciliação
com a nossa consciência, com
nós mesmos, e com
a construção de nossa
autonomia e felicidade."

Capítulo 36

AFINIDADE DE LADOS SOMBRIOS

Existe uma frase comum que comumente proferimos: "Eu não tenho afinidade nenhuma com fulano, pelo contrário, sinto até antipatia por ele." Quem diz uma frase dessas tem mais afinidade com essa pessoa do que pode supor!

Afinidade não é algo que se sente apenas por quem gostamos ou nos identificamos em gostos e interesses. Afinidade é ligação, conexão energética e emocional. E ela existe também em relação ao lado sombrio das pessoas.

Quando você sente uma antipatia forte por alguém, já se criou um laço, uma conexão ou afinidade com o lado sombrio dessa pessoa. Você se ligou à pior parte dela que, por efeito, acionou também algo similar em você.

Essa conexão com o sombrio de alguém pode ser de antipatia, rejeição, tristeza, desconforto, raiva, mágoa, medo e muitos sentimentos que se resumem em um profundo mal-estar e desgosto com a presença dela, por simplesmente ouvir o nome dela ou pela simples lembrança da pessoa.

Aquele conceito tão popular "Bateu, doeu? Leva que é seu!" tem um aspecto científico e profundo. Tocou sua emoção? Existe grande possibilidade de ter algo a aprender com essa pessoa. Não fuja de seu sentimento!

Sentir-se mal com alguém é sintoma de que há algo para você repensar e aprender a identificar em si mesmo. Isso faz parte da escola da convivência e não há nada de errado ou doentio nisso. Doença é a indiferença, é você ser alheio, não ligar para nada, passar (ou tentar passar) por cima do que sente sem buscar uma consciência clara sobre o que ocorre em seu mundo interno a respeito dessa pessoa.

Criou afinidade com o sombrio de alguém? Trave a sua língua, acione a sua capacidade de refletir e mergulhe em sábias e proveitosas lições. Nessa pessoa tão indesejável ao seu olhar, existem recados urgentes e medicações eficazes para seu próprio bem. Provavelmente, com pessoas cuja afinidade acontece no sombrio, teremos de evitar mesmo a convivência. O fato de se ter uma afinidade com o sombrio de alguém não quer dizer que tenha de conviver com essa pessoa, apenas deve-se tentar entender o processo e perceber qual a lição a ser aprendida.

Capítulo 37

COMO TRATAR A MÁGOA

Sentimentos desequilibrados causam impacto nos chacras, desarmonizando-os e abrindo portas para doenças. Esta é uma das principais razões para se desenvolver a educação emocional como ferramenta indispensável ao equilíbrio.

Saber qual sentimento desarmoniza cada chacra é ter em mãos uma informação fundamental para evitar anos de medicamentos, cirurgias e, quem sabe, até a morte antecipada. Um trabalho terapêutico com esse mapa é geralmente muito eficaz.

Tomemos por base o mau humor. Esse estado pode ser, por exemplo, um indício da presença de mágoa como consequência de uma ofensa. A mágoa é uma emoção venenosa que desalinha o chacra cardíaco e, com o tempo, pode elaborar dolorosos quadros de angústia, tristeza, pessimismo e travamento da vida emocional.

A energia da mágoa produz uma matéria corrosiva de cor marrom avermelhada, pegajosa, que fica retida na região do coração como uma verdadeira cola energética, que vai sugando tudo de ruim dos ambientes e das pessoas para a órbita dos chacras, principalmente o cardíaco.

Uma pessoa magoada carrega pesos desnecessários e é forte candidata a sentir dores musculares, principalmente nas costas. A mágoa é uma doença emocional que pode abrir uma porta para outras enfermidades como diabetes, problemas renais, estruturais, bursites e as demais "ites".

Uma abordagem holística para cuidar desse quadro requer um exame preciso da vida emocional, realizado com paciência e sensibilidade. Uma vez identificado o quadro, deve-se partir para uma ação planejada, utilizando-se várias ferramentas.

Quando a mágoa é identificada como núcleo da dor, é necessário orientar a pessoa para construir o sentido luminoso da mágoa em sua vida, o que trará um alívio inenarrável. Uma das ferramentas para essa abordagem é a PNL – Programação Neurolinguística. Em seguida, é necessário atuar nos efeitos da mágoa no campo energético, atuando no alinhamento de chacras, florais, aromoterapia, cromoterapia e outras terapias complementares.

A mágoa é um aviso da ecologia emocional dizendo que um terrível terremoto aconteceu, trazendo resultados danosos. Entretanto, mesmo parecendo um contrassenso, com uma orientação profissional segura e consciente, ela pode ser transformada em libertação, amadurecimento e paz interior.

Capítulo 38

QUANTAS PESSOAS VOCÊ CARREGA NAS COSTAS?

Não é apenas uma figura de linguagem. Você pode realmente estar carregando muitas pessoas nas costas, sob uma perspectiva energética. Isso acontece pela forma como você se relaciona com essas pessoas. Essas conexões são sustentadas pelos cordões energéticos nas relações de afeto que não são saudáveis ou que não foram bem encerrados, permitindo-se a instalação de conflitos e pendências emocionais.

Alguns sentimentos fazem parte das relações tóxicas e são os responsáveis por afetar sua saúde física e psíquica. Eles o conectam energeticamente a alguém, a ponto de poder sentir até mesmo as dores, as doenças e os conflitos internos da pessoa, ainda que ela não conviva mais com você.

Entre os vários sentimentos que surgem nestas situações, destacaremos: a inveja, que se transforma em estado de disputa; a preocupação, que se transforma em estado de controle crônico; e a raiva, que se transforma em estado de mágoa obsessiva. Analisemos como funcionam essas algemas energéticas.

A necessidade de disputa é um comportamento que o coloca em confronto com a imagem que você faz de alguém. Nessa competição, você tem como foco as qualidades e conquistas que reconhece e admira, e isso cria um quadro psicológico de autodesvalorização por comparação, no qual a pessoa com a qual você disputa toma dimensões exageradas no seu pensamento e, para sua desgraça, passa a ser o centro da sua vida. Você dorme e sonha com isso, acorda e tem que lidar com essa relação, e isso faz com que se sinta muito inferiorizado.

A compulsão por controle, em muitos casos, nasce da crença de que você conseguirá fazer com que o outro seja do jeito que você quer, já que se considera integralmente responsável por ele. Quem mantém essa crença tem uma extrema necessidade de controlar, porque entende que, se a pessoa "amada" não se encaixar nos seus modelos, ela não cumpriu seu papel. A preocupação é a tônica desse relacionamento tóxico, que conduz sua mente a uma conduta obstinada de vigiar e censurar essa pessoa.

A mágoa que, sem dúvida, é o estado mais presente nos relacionamentos humanos o conecta da forma mais sombria e dolorosa a alguém. É o resultado das expectativas alimentadas com todo o seu querer e não alcançadas com relação a uma pessoa, dos imprevistos que você não consegue digerir na convivência com ela que ferem seus interesses e frustram suas escolhas.

Disputa, controle e mágoa são estados emocionais de quem não aprendeu o sentido luminoso da inveja, da preocupação e da raiva. Suas conexões interpessoais dessa ordem podem adoecê-lo, travar seus caminhos, impedir seu prazer de viver e afetar toda a sua existência, criar codependência com seus elos afetivos, dificultar o desenvolvimento de novos e sadios vínculos, sustentar uma aura com vibrações de aversão que afasta as pessoas, alimentar uma energia mental pessimista em função de pensamentos doentios e tantas outras dificuldades que podem resultar dessa forma de se conectar às pessoas. No campo físico, surgem as dores na coluna lombar e cervical, as gastrites e enxaquecas crônicas, a baixa ou o bloqueio da libido, a insônia e muitas enfermidades causadas pelo desajuste emocional.

É um quadro grave de autoabandono, no qual você se liga ao lado pior dos relacionamentos, provocando para si a orfandade da alegria, da saúde e do bem-estar e resultando em um autêntico quadro de vampirismo na convivência.

Quantas pessoas você carrega energeticamente? Como se livrar desse comportamento doentio?

Descubra o caminho para uma vida leve, na qual carregue somente a si mesmo, e aprenda os limites saudáveis que sua inveja, sua preocupação e sua raiva estão querendo lhe orientar para construir relacionamentos verdadeiros, saudáveis e duradouros.

"A mágoa que, sem dúvida, é o estado mais presente nos relacionamentos humanos o conecta da forma mais sombria e dolorosa a alguém."

Capítulo 39

PROJETO AUTOPERDÃO: O CAMINHO PARA UMA VIDA LEVE E SAUDÁVEL

Para você que está descobrindo agora que as pessoas jamais foram ou serão como você gostaria, prepare-se para descobrir também que, por acreditar nessa ilusão, seu coração está muito ferido. Algumas pessoas manifestam esta dor no cansaço, na angústia, nas dores físicas crônicas, entre tantas outras enfermidades.

Como pano de fundo desse contexto, encontramos a mágoa, um sentimento que sempre buzinou na sua cabeça algo como: "Preste atenção, criatura! E pare de esperar dos outros o que eles não conseguem (e nem querem) ser". Essa mágoa sempre foi sua amiga e você nunca deu atenção a ela. Ela alimentou seu discernimento e sua intuição com ideias de autoproteção e você teve medo de ouvi-la, porque preferiu acreditar nas suas crenças ilusórias.

Neste momento, você descobre sua dor, sua insatisfação a respeito de muitas coisas, e percebe que negou a vida inteira seus próprios sentimentos, que pediam para que cuidasse de si mesmo, antes de tudo e de todos. Descobrir que você é o principal responsável pela dor da ofensa é doloroso. É um ato de se automagoar.

Ok! Está doendo, mas tem jeito. Adote o Projeto Autoperdão: o foco é você mesmo.

Comece a olhar mais para o que você quer, prepare-se para abrir mão de sua lista de cobranças por tudo que fez em favor de quem ama, invista em um processo terapêutico que o ajude a entender suas emoções sufocadas, assuma um compromisso com seu lado luz que está esperando cuidados, tenha coragem de olhar para seus verdadeiros sentimentos sombrios e, sobretudo, acredite que, em qualquer época e em que idade for, a vida começa mesmo quando você decide corajosamente se amar e se conceder o título de pessoa mais importante de sua vida.

Quem espera muito das pessoas que ama, condena-se a ser magoado. As pessoas são o que são e não é papel de ninguém viver para atender ao que o outro espera dele. Ninguém existe para o outro. Isso é uma ilusão massacrante da cultura social. Vivemos para dar conta de nós mesmos e cooperar com o crescimento do outro, mas não para ser gerente da vida, das escolhas e dos esforços que competem ao outro desenvolver em favor da vida que é dele. Amar não é tomar conta da vida de alguém ou se sentir responsável por ela. É ser coparticipante da vida dessa pessoa, da melhor forma que pudermos. É só uma participação, nada mais.

Uma relação construída com base em expectativas (atendidas ou não) tem alicerces muito frágeis que impedem a presença da alegria, da amizade, da sinceridade e do bem querer.

Perdoe-se por esperar tanto dos outros. Ao fazer isso, você se desliga de tudo que é excesso em relação ao que gostaria que acontecesse e passa a viver uma vida real, do jeito que as coisas têm de acontecer, longe da neurose do controle e do doentio impulso de saber o que é certo ou errado para os outros.

O caminho do amor é outro. É pela cumplicidade, pela entrega, pela honestidade emocional, pelo incentivo, pela crença na competência do outro e pela construção da honra da confiança que uma relação se fortalece e vale a pena.

Capítulo 40

COMO SOMOS PREJUDICADOS PELA ENERGIA SEXUAL DOS OUTROS

O homem emite uma energia *yang*, mais agressiva, ativa, quente, envolvente, enquanto a mulher emite uma energia chamada *yin*, onde predomina a passividade, a delicadeza, a sensibilidade. Todo homem e toda mulher possuem essas duas forças, mas na mulher predomina o feminino *yin* e no homem o masculino *yang*, embora algumas mulheres sejam mais *yang* e alguns homens mais *yin*.

Sem generalizações, os homens da atualidade têm lidado de forma doentia com a sexualidade, utilizando sua força *yang* para movimentar seu desejo de forma desrespeitosa e desequilibrada. Esta atitude forma um campo mental sobre a mulher que ele deseja, criando um impacto vibratório que ela, com sua energia *yin*, percebe nitidamente. Destacamos que este comportamento inadequado é também adotado por muitas mulheres.

Muitos não sabem, mas é por causa desse assédio energético que algumas dores e indisposições físicas podem nos afetar. Essa força sensualista emitida pelo campo mental de natureza *yang,* seja ela originária de um homem ou de uma mulher, atinge os chacras e provoca alterações imediatas: náuseas, enxaquecas, dores musculares, mal--estar parecido com estado febril, cansaço, sensação de tristeza etc.

Nessas horas, acontece um verdadeiro roubo energético de encarnado para encarnado. Muitos homens não chegam a esbarrar nas mulheres, como acontece nos ônibus e metrôs, mas as tocam, mentalmente, nos mais variados ambientes: trabalho, restaurante, elevador, trânsito, via pública, e por aí vai.

Se as pessoas soubessem disso, poderiam se proteger desses vampiros de energia. A conduta na convivência, a forma de se vestir, a maneira como você lida com sua carência, a forma de tratar uma pessoa e também sua proteção mental com oração e outras iniciativas são fundamentais antes de sair de casa.

Fica a dica: um homem ou uma mulher que não sabe se comportar socialmente perante o outro, que usa sua sensualidade o tempo todo como se o interesse ou desejo de todo mundo fosse ter uma relação sexual com ele(a) é, sem dúvida, alguém de quem devemos nos proteger.

Capítulo 41

EGOÍSMO OU AMOR?

Quanto mais íntimas são as pessoas na nossa vida, mais achamos que sabemos do que elas precisam ou como elas devem ser. Amamos pensando saber quais as necessidades mais profundas da pessoa amada, tornamo-nos *experts* em conhecer a vida de quem partilha nosso afeto.

Isso é mais egoísmo que amor. Nós nos amamos neles, nos apaixonamos por nós mesmos na pessoa do outro.

Por essa relação egoísta, trafegam os conflitos, quase sempre originados pelo controle, pela mágoa, pela culpa, pelo medo e pela tristeza, transformando as mais esperançosas relações de amor em brigas, desentendimento e rancor.

Por trás desse mecanismo emocional, há crenças que se expressam da seguinte forma: "A pessoa que amo pode ser aquilo que quero." ou "A pessoa que amo é a razão da minha felicidade e da minha realização pessoal.". Esse é um dos comportamentos mais velhos na história humana: a identificação de nosso ser no outro.

Para recuperar a crença em si mesmo e ser uma pessoa que não faz parte desse processo emocional sombrio, é necessário descobrir a resposta para a seguinte pergunta: "Por que transfiro ao outro a minha razão de viver e a minha felicidade?".

Ao buscar respostas, perceberemos que, onde muitos veem como heroísmo o fato de delegar ao outro a sua razão de existir e ser feliz, na verdade, existem sentimentos que, ao tomarmos consciência deles, nos envergonharemos.

A grande sabedoria da vida é acreditar em si mesmo, educar-se para ter o foco no amor e, antes de tudo, em si próprio. Sem isso, a vida torna-se uma grande ilusão em nome do amor. Isso muda tudo.

"Nós nos amamos neles, nos apaixonamos por nós mesmos na pessoa do outro."

Capítulo 42

ASSÉDIO ENERGÉTICO NAS RELAÇÕES CONJUGAIS

O assédio comparece numa relação conjugal quando a comunicação do casal não está boa. A mulher não fala o que quer dizer e como se sente, e o homem se impõe, achando que precisa ser atendido quando deseja, acreditando que a mulher deve ter uma resposta sexual igual à dele, imediata, sem algo mais que envolva o casal no clima do afeto e do diálogo. Essa falta de comunicação acontece em outras áreas da convivência no dia a dia e se reflete ostensivamente na sexualidade. Não há sexo de boa qualidade sem afetividade e o homem, com mais frequência, costuma passar por cima disso.

Quando isso acontece, isso não significa, necessariamente, que o relacionamento acabou. O casal precisa de um reajuste, neste momento de crise. Pena que tem gente que se acostuma com a crise, tem mulher que acha que tem de atender ao marido senão ele busca outra, tem homem que acha que é obrigação da mulher sentir desejo por ele em qualquer contexto, e assim prosseguem os desajustes. Existe também a possibilidade de o casamento já ter mesmo acabado, o que nos leva à outra causa mais abrangente. Reajustar a comunicação é permitir a presença do carinho, das boas lembranças, da diversão, da alegria, do elogio, da conversa e de tudo aquilo que coloca a convivência em processo de troca. O casal que perdeu o gosto de conversar não se comunica bem em quase nada.

No campo energético, a energia masculina muito agressiva pode trazer efeitos indesejáveis para a mulher, prejudicando-a. Destaco aqui que não podemos generalizar o quadro. Incentivo para que, nesses casos, o casal procure ajuda terapêutica, individualmente, mas não o façam como se estivessem com um problema, mas como alguém disposto a investigar o que está acontecendo. Quando não se consegue resultado com a terapia individual, ela pode ser estendida, posteriormente, ao atendimento do casal.

De qualquer forma, não será exagero afirmar que sem sexo o casamento está doente, mesmo sabendo que alguns poderão sobreviver longamente sem essa troca.

Outro ponto muitíssimo importante é o fato de ambos estarem sempre muito cansados fisicamente. A vida atual é desumana, desgastante e acaba prejudicando a criação de relações afetivas sadias, o cultivo do amor, os momentos de romantismo e, por efeito, não sobra tempo nem interesse para o sexo, que também é vitalizador do afeto do casal. Bloqueio ou ausência da libido tem íntima conexão com a priorização do casamento, da convivência do casal e com a cumplicidade dos dois.

Muitos casamentos não conseguem espaço para o sexo porque amar, ou seja, construir essas condições para que o casal comunique amor um ao outro, dá muito trabalho. O imediatismo tomou conta de tudo. Tem gente querendo tomar remédio até para resolver uma coisa dessas. Impossível!

Volto a lembrar que essas são apenas algumas considerações e não uma resposta final e definitiva. Outras opiniões e experiências sempre poderão enriquecer o tema.

Capítulo 43

DISPUTA

Quando você se ocupa demais com a vida de alguém, com os seus êxitos e fracassos, com o seu modo de ser e de pensar, isto pode estar acontecendo porque você se encontra numa disputa relacionada ao sentimento de inferioridade, algo em você que causa a sensação de desprezo ou desvalor, a partir de sua percepção dessa pessoa.

Quando isso acontecer, pergunte o motivo desse seu interesse pela vida alheia, pergunte por que está incomodado ou em desconforto. No fundo, há algo em você que precisa ser percebido e que o leva a disputar com o outro.

O ato de sondar a vida alheia pode ter algo de positivo, mas tudo vai depender das respostas que você vai dar a si mesmo sobre as razões de agir assim. Seja honesto! Descobrir essas razões será uma fonte de leveza, é libertador não ter de criticar mentalmente alguém.

Competição! É isso que você faz quando se encontra em um estado conflituoso em relação a uma pessoa, tenha ela feito (ou não) algo para aborrecê-lo. E quem compete, julga e condena para tentar diminuir o outro.

A pior coisa que envolve o ato de julgar é que, quem julga, carrega energeticamente o peso daquilo que condena no outro. Abra mão desse duelo. Abra mão de querer ter razão.

Você não precisa rejeitar a pessoa. Rejeite apenas a parte dela que você não aceita e não lhe faz bem. Rejeite o que você não concorda, mas tenha a lucidez de permitir a ela ser do jeito que é. Rejeite a atitude, o que ela tem e não atende a seus anseios, mas não rejeite a criatura. Ame-a incondicionalmente ou, pelo menos, respeite-a.

Interiorize-se, procure sua coerência interna entre sentimentos e pensamentos. Sinta seus pensamentos e pense sobre seus sentimentos. Arrume-se por dentro e se desapegue da competição. Abra mão da sua prepotência e do seu desejo de soberania sobre a vida alheia. Liberte-se do vício de querer transformar os outros no que você acha que eles têm de ser. Cada pessoa faz o que faz por motivos muito particulares, e você não pode mudar isso.

Diga assim: "Eu o liberto e o deixo ir. Quero levar comigo somente o que me pertence.".

Capítulo 44

PRETENSÃO: A ILUSÃO SOBRE SEU PRÓPRIO LIMITE

Quando você gasta uma enorme energia e se fixa exageradamente em alguém, provavelmente existe um quadro emocional de disputa no relacionamento. Essa disputa é o comportamento de quem está em conflito com outra pessoa, perante a qual você se autodesvaloriza, superdimensionando sua importância.

Um dos sentimentos mais presentes nessa forma de ser é a pretensão. Quase sempre, quando existe disputa nos relacionamentos, o que está gerenciando a convivência é a pretensão. Pretensão de provar o equívoco de alguém, de convencer o outro sobre uma ideia, de querer mudar alguém, de controlar a vida de alguém, de querer provar que a pessoa está errada. A pretensão é um sentimento que o aprisiona em algo que o outro tem e, na maioria das vezes, é simplesmente impossível de alcançar.

Esse sentimento é originário das longas vivências da alma no egoísmo e na arrogância. Seus mecanismos sombrios na vida mental são sutis – devemos ter muita coragem e humildade para identificá-lo e muita atenção para reorientá-lo para algo luminoso. Uma pessoa pretensiosa é alguém que se orienta pelo princípio moral apoiado nas seguintes posturas: "Isso é tarefa minha, ninguém mais é capaz de realizá-la.", "Eu vou fazer essa pessoa enxergar isso.", "Somente eu posso resolver esse assunto para você.". Este princípio arruína a noção de limite dentro da relação humana. A pretensão é tão nociva que, quando você não consegue o que quer em relação a alguém, se afunda na decepção e na tristeza ou, então, quando você é regido por muitas ilusões, sente-se magoado e rancoroso.

A função luminosa da disputa é revelar algo a respeito de como você se sente sobre si mesmo. É um convite para a autorreflexão sobre o que causa essa sensação de desprezo ou desvalor consigo mesmo a partir de sua percepção conflituosa com essa pessoa.

Quando isso acontecer, pergunte o motivo de seu interesse pela vida alheia, por qual motivo ela o está incomodando ou causando-lhe desconforto. Descobrir essas razões é uma fonte muito gostosa de leveza. É libertador não viver censurando mentalmente alguém e não guardar pretensões a respeito de quem quer que seja.

O mundo já está com disputas demais, guerras e conflitos sem sentido. Emita uma energia de gentileza, esparrame simpatia, valorize-se e respeite cada pessoa no seu caminho. Descubra pelo que você disputa e elimine por completo esse sentimento pretensioso nos seus relacionamentos. Entender o outro no seu nível de possibilidades permite leveza no coração. Aceite a vida alheia, desligue-se das pretensões. Quem ganha é você, principalmente.

Capítulo 45

AUTOABANDONO E CARIDADE

Preste atenção nessas frases: "Sou uma pessoa muito caridosa. Não consigo ver alguém com algum problema que vou lá e resolvo."; "Sou muito caridoso, não deixo ninguém na mão e faço tudo para ajudar quem precisa."; "Adoro ajudar as pessoas a solucionarem seus problemas.".

Essas parecem ser frases de uma pessoa muito virtuosa, mas nem sempre podemos interpretar dessa forma. Por trás desse tipo de conduta, pode existir uma lamentável doença emocional chamada "autoabandono".

Existem pessoas que se abandonam a tal ponto que adoecem seu sentimento de cooperação social e agem mais por culpa que por amor. Não conseguem ver o problema que é do outro sem querer carregá-lo nas costas, ou mesmo resolvê-lo. Agindo assim, acabam sendo muito invasivos, enxeridos, mergulhando nos julgamentos, supondo ter soluções para todos os casos. Quem se autoabandona, torna-se muito disponível nas relações e enfrenta graves problemas por conta dessa disponibilidade tóxica.

Sensibilidade e cooperação são caminhos de saúde na rota da legítima caridade com amor. Sentir culpa diante do problema do outro é enfermidade em qualquer contexto que surja e costuma sufocar o amor verdadeiro.

Não se assuste com essa reflexão e fique sabendo que, por trás de supostas atitudes de amor ou caridade, existem sentimentos e interesses que, se repentinamente tomasse consciência deles, certamente morreria de vergonha e pediria ajuda.

Em muitos casos, o que existe nestas circunstâncias é apenas julgamento, prepotência e culpa, e não amor e altruísmo.

Quem julga constantemente as pessoas ou carrega a prepotência de resolver tudo o que compete a elas nunca encontra tempo para amá-las.

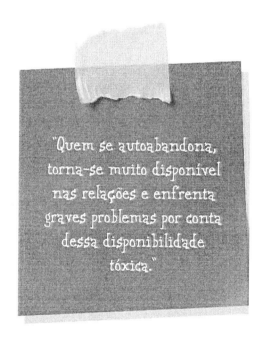

"Quem se autoabandona, torna-se muito disponível nas relações e enfrenta graves problemas por conta dessa disponibilidade tóxica."

Capítulo 46

LIMERÊNCIA: EU ME APAIXONEI PELO QUE INVENTEI DE VOCÊ

Ao longo da década de 1970, a psicóloga norte-americana Dorothy Tennoy entrevistou mais de quinhentos pacientes apaixonados e se dedicou a desenvolver a teoria sobre esse estado físico, espiritual e mental. Seu trabalho foi publicado no livro *Amor e Limerência: a experiência de estar apaixonado*, e foi nele que empregou o termo "limerência" pela primeira vez. A definição utilizada por Tennoy na sua publicação foi a de:

> "Um estado involuntário interpessoal que causa um desejo agudo de reciprocidade emocional; pensamentos, sentimentos e comportamentos obsessivo-compulsivos e de dependência emocional de outra pessoa."

Como diz o conceito, é algo involuntário, a pessoa não escolhe sentir isso que a domina. Limerência é diferente de paixão, porque, na paixão, depois da fase avassaladora, pode ficar o amor. No caso da limerência, a paixão passa e permanece o desejo de que o outro permaneça, mesmo sem amor. Essa paixão, no limerente, nunca acaba, e pode ainda aumentar com o tempo. O objeto de amor torna-se algo que toma conta do seu pensamento e da sua emoção, de maneira incontrolável.

Uma das causas mais prováveis de limerência é a carência, que causa solidão, e também da idealização, isto é, inventar uma representação mental do outro a tal ponto que este se torna essencial e até mais importante que a própria pessoa, algo ideal, insubstituível. No caso, o limerente se apaixona pela imagem que faz do outro, de forma brutal.

O que mais deseja uma pessoa limerente é obter qualquer nível de reciprocidade, ter o sentimento correspondido, e migalhas afetivas servem muito bem a ela. E, por essa razão, em alguns casos, ela pode se tornar um vampiro de atenção, carinho e mimos, colocando-se sempre em segundo plano e arruinando sua estima pessoal. Enfim, limerência é sinônimo de exagero e desequilíbrio.

Frases típicas e repetitivas de uma pessoa limerente: "Você me ama de verdade?"; "O que eu tenho de fazer para você me amar?"; "Estou absolutamente apaixonado!"; "Não sei por que tenho de dizer isso: mas estou te amando!"; "Sou capaz de deixar tudo só pra ficar com você!"; "Faço tudo para ter alguma chance com você!".

As principais características da limerência são:

1. Surgir de forma brusca e involuntária.

2. Ter pensamentos incontroláveis e invasivos sobre a pessoa amada.

3. Alimentar a idealização das características da outra pessoa, seja de maneira positiva ou negativa.

4. Desenvolver uma timidez extrema e confusão diante da outra pessoa, com sintomas físicos como pulsação rápida, suor, rubor facial e tremores, entre outros.

5. Viver com medo de rejeição, o que leva ao desespero e a pensamentos suicidas, caso isso aconteça.

6. Sentir uma euforia extrema quando a outra pessoa também demonstra interesse.

7. Alimentar constantes fantasias de encontros com a pessoa amada.

8. Lembrar-se da pessoa a todo instante e durante todas as atividades.

9. Mudar os horários de forma a forçar encontros com a outra pessoa.

10. Reproduzir na mente, repetidamente, os encontros com o outro.

"Limerência: eu me apaixonei pelo que inventei de você". Há quem a considere uma doença, um transtorno obsessivo-compulsivo. Alguns casos caminham para a doença, mas evito essa precoce "patologização" dos padrões de conduta. Prefiro conhecer o caso e acolher a ideia de que, a rigor e sem generalizações, limerência é algo que indica necessidade de ajuda, tem solução e sugere um tratamento cuidadoso, que poderá trazer ótimos resultados.

"O que mais deseja
uma pessoa limerente
é obter qualquer nível
de reciprocidade, ter o
sentimento correspondido,
e migalhas afetivas
servem muito bem a ela."

Capítulo 47

GANHOS SECUNDÁRIOS DE PAIS CONTROLADORES

Quais seriam os ganhos secundários de pais controladores?

Vamos, primeiramente, definir: pais controladores: são aqueles que se preocupam em excesso com o encaminhamento da vida de seus filhos, envolvendo-os na superproteção para que não corram riscos na vida. Passam, assim, a viver a vida do filho, invadindo seu espaço e procurando mantê-lo sempre por perto, mesmo quando adultos. São pais que, desde a infância, fazem de tudo para impedir que eles se frustrem, tenham problemas ou passem necessidades naturais. Querem facilitar de toda forma possível e impossível suas vidas.

Quais são os ganhos secundários que experimentam? Seguem alguns mais conhecidos:

- Ter a sensação de que são úteis perante a vida.

- Sentir que cumprem sua missão de conduzir bem os filhos.

- Não ter de conviver com a solidão, por isso mantêm sempre os filhos por perto.

- Acreditar que na velhice não serão abandonados.

- Se realizar com o sucesso dos filhos, amenizando sua frustração.

- Não passar pela vergonha de ter filhos com problemas sociais como o envolvimento com drogas, por exemplo.

- Destacar-se perante os parentes com elogios e referências de ser um bom pai ou mãe.

- Sentir-se no direito de usufruir de algum sucesso profissional ou financeiro dos filhos.

Esses pais chamam essas atitudes de amor. No entanto, por conta de ganhos secundários como os citados, as relações entre pais e filhos adoecem, extinguindo a confiança, a capacidade de fazer boas escolhas, de responder pelas atitudes e de nutrir a convivência com afeto legítimo e espontâneo.

Pais assim constroem as chamadas "famílias disfuncionais", na qual todo o grupo precisará de ajuda terapêutica para resgatar os laços de amor.

Capítulo 48

RESGATANDO OS LAÇOS DE AMOR NA FAMÍLIA

É preciso que as nossas falsas verdades venham à tona para salvar o amor existente entre membros de uma família.

Onde prolifera a falta da verdade, o amor não floresce. Essa falta de comunicação dos sentimentos dentro do grupo familiar tem o nome de "família disfuncional" e pode ser entendida da seguinte maneira:

- Um grupo que não consegue expressar o que sente e por, essa razão, deixa de cumprir os papéis atribuídos. Pais, mães e filhos não exercem suas funções por omitir e sufocar o que gostariam de expressar.

- Um grupo que não sabe dizer "não".

- Um grupo em que pais substituem o ato de amar por controle e rigidez com seus filhos.

Idealizar papéis e sentimentos no grupo familiar é adoecer as relações e arruinar a chance de permitir que o afeto saudável possa construir laços que valham a pena, e uma convivência que realmente preencha os corações. Não existem supermães, superpais nem superfilhos. Não existem pais e mães perfeitos nem filhos sem necessidades.

Infelizmente, quando se idealizam os modelos de convivência e formação educacional no grupo familiar, todos perdem. Neste ambiente, a culpa aumenta, a falsidade é mascarada e a mentira engana. A família que deseja a felicidade vai ter de aprender seu caminho próprio e único.

Na família, as pessoas vieram para aprender juntas, e ninguém detém o poder de saber mais ou menos. Família é uma escola, e quem deseja fazer bom proveito desse aprendizado vai precisar pedir ajuda, ser humilde e rever tudo que aprendeu sobre educação e amor.

É preciso que as nossas ilusões e supostas verdades venham à tona para salvar o amor existente entre os membros de uma família.

"É preciso que as nossas falsas verdades venham à tona para salvar o amor existente entre membros de uma família."

Capítulo 49

O "SALVADOR": POSTURA DOS CONTROLADORES

Algumas pessoas confundem bondade com o compromisso de salvar quem está passando por momentos difíceis, sob o domínio de algum vício ou comportamento destrutivo.

Por trás desse comportamento, considerado "amor" e "generosidade" por muitos, pode-se esconder uma terrível doença chamada codependência. Nesta atitude, o salvador acredita que pode ser um gestor de mimos, bons tratos e ações em benefício de alguém e que será recompensado com uma melhor postura por parte de quem recebe seu auxílio. Para isso, ele se torna completamente disponível aos seus laços afetivos, não se importando com suas próprias necessidades nem prestigiando a si mesmo. Ele tende a se sobrecarregar com excesso de obrigações e acredita que, quanto mais fizer, mais será amado e reconhecido ou, o que é pior, mais chances terá de "salvar" a pessoa daquela condição infeliz.

Normalmente, os codependentes que assumem essa tutela obsessiva se esquecem de cuidar de si mesmos, se autossabotando. Sentem-se responsáveis pelo mundo inteiro e se recusam a ser responsáveis por suas próprias vidas. São pessoas que se autoabandonam, sentem muita culpa por serem felizes e apresentam uma terrível baixa autoestima. Não dão conta de resolver suas próprias pendências e querem organizar a vida dos outros.

É comum vê-los fazer coisas que não querem fazer apenas para continuar merecendo o amor ou uma melhor resposta dessas pessoas. Eles não conseguem negar algo que acham que os outros precisam. Costumam ser idealistas a respeito de suas relações e de sua vida. Gastam enorme energia para que as pessoas e os acontecimentos fiquem exatamente como gostariam que fossem, ou como supõem ser o melhor e mais correto. Veneram os padrões de certo e errado, e são pouco flexíveis. Acham que podem mudar as pessoas que amam e, como ninguém nessa vida consegue isso, o codependente é alguém profundamente magoado, quase todo o tempo, na convivência com entes queridos. Para amenizar sua mágoa, adora fazer papel de vítima como se fosse a última alternativa para controlar as pessoas com quem nutre algum nível de afeto.

O assunto é muito vasto. Essa doença é mais comum na sociedade do que se imagina, pois é silenciosa, oculta e imperceptível. Ressalte-se ainda que ela não se cura apenas com a leitura de livros de autoconhecimento, religião e oração. É preciso tratamento especializado e cuidadoso de educação emocional para descobrir as razões mais profundas que levam o doente a barganhar o amor e a idealizar as relações.

Se você se enquadra em algumas dessas circunstâncias, não demore a buscar ajuda. É praticamente impossível sair sozinho de tal comportamento, que ainda pode evoluir para outras doenças psíquicas mais severas. Cuide-se!

Capítulo 50

O FOCO MENTAL NO PRESENTE

Uma pesquisa francesa revelou que 75% das pessoas vivem mentalmente no passado, 20% no futuro e apenas 5% no presente.

Isso acontece por várias razões. A mais influente delas é o piso emocional de base para a formação do clima mental. A forma como você lida com seus sentimentos pode criar estados afetivos que determinam condições favoráveis ou desfavoráveis para a mente. Não é sem razão que os códigos oficiais de doenças classificam um grupo enorme delas com o nome de *Transtornos afetivos*, compostos por quadros psiquiátricos graves.

Alguns sentimentos como culpa, raiva, saudade e perda podem conectá-lo com o passado se você não souber como gerenciar suas funções reguladoras. A culpa transforma-se em estado de remorso, a raiva, em estado de mágoa, a saudade, em estado de melancolia e a perda, em estado de tristeza. Todos o prendem no passado.

No entanto, quando você é orientado a transformar a culpa em reciclagem de crenças, a raiva em impulso criador para organizar soluções, a saudade em memórias estimuladoras e a perda como convite à adaptação, sua vida ganha novo direcionamento e sua mente se volta para o presente, vivendo em estado de serenidade. Serenidade não se improvisa, é um resultado natural do processo de saber lidar com a parte sombria dos sentimentos.

Outros sentimentos como medo, inveja e frustração podem conectá-lo com o futuro, deslocando a mente para o campo da imaginação e da fantasia. O medo transforma-se em ansiedade, a inveja transforma-se em tormenta e a frustração transforma-se em incompetência.

O foco mental no presente, ao contrário, não depende de sentimentos, mas do resultado de como você lida com eles. A uniformidade interior compreendida como equilíbrio é um estado que resulta da relação que desenvolvemos com todo esse conjunto de emoções e que fazem da mente um caleidoscópio de pensamentos. A tranquilidade, a ordenação do pensar e a paz íntima refletem uma mente aquietada que se encontra assim por conquistar a gerência sobre as expressões sombrias dos sentimentos. Uma mente aquietada está no presente, consegue centrar o pensamento, a vontade e a ação naquilo que se está realizando.

O sossego interior não significa acabar com os sentimentos que ora o prendem ao passado, ora o impulsionam para mirar o futuro. A conquista da quietude mental é um processo de educação emocional de viver no presente e de construir as habilidades de gerenciar e bancar seus próprios sentimentos, despertando o seu lado luminoso.

Ao viver o presente, você acolhe a leveza, a inspiração e não padece de um dos piores efeitos da conturbação mental, que é a perda de energia com o passado e com o futuro.

RESPOSTAS DA PALAVRA CRUZADA

1. Crise Existencial

2. Terapia

3. Foco Mental

4. Cordões Energéticos

5. Ansiedade

6. Autoamor

7. Limerência

8. Controladores

9. Autoabandono

10. Autoperdão

Ficha Técnica

Título
Descomplique, seja leve

Autoria
Wanderley Oliveira

Edição
1ª

ISBN
978-85-63365-83-5

Capa
Lucas Willian

Projeto gráfico e diagramação
Mônica Abreu

Revisão ortográfica
Juliana Biggi e Nilma Helena

Preparação de originais
Maria José da Costa e
Nilma Helena

Composição
Adobe Indesign 6.0, plataforma MAC

Páginas
240

Tamanho do miolo
16x23cm
Capa 16x23

Tipografia
Texto principal: News Gothic 12.5pt
Título: Gurnsey 34pt
Notas de rodapé: News Gohtic 9.5pt

Margens
22 mm: 25 mm: 25 mm: 25 mm
(superior:inferior:interna;externa)

Papel
Miolo em Avena 80g/m²

Capa em Pólen 250g/m²

Cores
Miolo 1x1 cor
Capa em 4x0 CMYK

Impressão
AtualDV (Curitiba/PR)

Acabamento
Miolo: Brochura, cadernos de 32
páginas, costurados e colados.
Capa: Laminação Fosca

Tiragem
Sob demanda

Produção
Fevereiro/2022

NOSSAS PUBLICAÇÕES

SÉRIE AUTOCONHECIMENTO

DEPRESSÃO E AUTOCONHECIMENTO - COMO EXTRAIR PRECIOSAS LIÇÕES DESSA DOR

A proposta de tratamento complementar da depressão aqui abordada tem como foco a educação para lidar com nossa dor, que muito antes de ser mental, é moral.

Wanderley Oliveira
16 x 23 cm
235 páginas

FALA, PRETO VELHO

Um roteiro de autoproteção energética através do autoamor. Os textos aqui desenvolvidos permitem construir nossa proteção interior por meio de condutas amorosas e posturas mentais positivas, para criação de um ambiente energético protetor ao redor de nossas vidas.

Wanderley Oliveira | Pai João de Angola
16 x 23 cm
291 páginas

QUAL A MEDIDA DO SEU AMOR?

Propõe revermos nossa forma de amar, pois estamos mais próximos de uma visão particularista do que de uma vivência autêntica desse sentimento. Superar limites, cultivar relações saudáveis e vencer barreiras emocionais são alguns dos exercícios na construção desse novo olhar.

Wanderley Oliveira | Ermance Dufaux
16 x 23 cm
208 páginas

APAIXONE-SE POR VOCÊ

Você já ouviu alguém dizer para outra pessoa: "minha vida é você"?
Enquanto o eixo de sua sustentação psicológica for outra pessoa, a sua vida estará sempre ameaçada, pois o medo da perda vai rondar seus passos a cada minuto.

Wanderley Oliveira
16 x 23 cm
152 páginas

A VERDADE ALÉM DAS APARÊNCIAS - O UNIVERSO INTERIOR

Liberte-se da ansiedade e da angústia, direcionando o seu espírito para o único tempo que realmente importa: o presente. Nele você pode construir um novo olhar, amplo e consciente, que levará você a enxergar a verdade além das aparências.

Samuel Gomes
16 x 23 cm
272 páginas

DESCOMPLIQUE, SEJA LEVE

Um livro de mensagens para apoiar sua caminhada na aquisição de uma vida mais suave e rica de alegrias na convivência.

Wanderley Oliveira
16 x 23 cm
238 páginas

7 CAMINHOS PARA O AUTOAMOR

O tema central dessa obra é o autoamor que, na concepção dos educadores espirituais, tem na autoestima o campo elementar para seu desenvolvimento. O autoamor é algo inato, herança divina, enquanto a autoestima é o serviço laborioso e paciente de resgatar essa força interior, ao longo do caminho de volta à casa do Pai.

Wanderley Oliveira | Pai João de Angola
16 x 23 cm
272 páginas

A REDENÇÃO DE UM EXILADO

A obra traz informações sobre a formação da civilização, nos primórdios da Terra, que contou com a ajuda do exílio de milhões de espíritos mandados para cá para conquistar sua recuperação moral e auxiliar no desenvolvimento das raças e da civilização. É uma narrativa do Apóstolo Lucas, que foi um desses enviados, e que venceu suas dificuldades íntimas para seguir no trabalho orientado pelo Cristo.

Samuel Gomes | Lucas
16 x 23 cm
368 páginas

AMOROSIDADE - A CURA DA FERIDA DO ABANDONO

Uma das mais conhecidas prisões emocionais na atualidade é a dor do abandono, a sensação de desamparo. Essa lesão na alma responde por larga soma de aflições em todos os continentes do mundo. Não há quem não esteja carente de ser protegido e acolhido, amado e incentivado nas lutas de cada dia.

Wanderley Oliveira | Ermance Dufaux
16 x 23 cm
300 páginas

MEDIUNIDADE - A CURA DA FERIDA DA FRAGILIDADE

Ermance Dufaux vem tratando sobre as feridas evolutivas da humanidade. A ferida da fragilidade é um dos traços mais marcantes dos aprendizes da escola terrena. Uma acentuada desconexão com o patrimônio da fé e do autoamor, os verdadeiros poderes da alma.

Wanderley Oliveira | Ermance Dufaux
16 x 23 cm
235 páginas

CONECTE-SE A VOCÊ - O ENCONTRO DE UMA NOVA MENTALIDADE QUE TRANSFORMARÁ A SUA VIDA

Este livro vai te estimular na busca de quem você é verdadeiramente. Com leitura de fácil assimilação, ele é uma viagem a um país desconhecido que, pouco a pouco, revela características e peculiaridades que o ajudarão a encontrar novos caminhos. Para esta viagem, você deve estar conectado a sua essência. A partir daí, tudo que você fizer o levará ao encontro do propósito que Deus estabeleceu para sua vida espiritual.

Rodrigo Ferretti
16 x 23 cm
256 páginas

APOCALIPSE SEGUNDO A ESPIRITUALIDADE - O DESPERTAR DE UMA NOVA CONSCIÊNCIA

Num curso realizado em uma colônia do plano espiritual, o livro Apocalipse, de João Evangelista, é estudado de forma dinâmica e de fácil entendimento, desvendando a simbologia das figuras místicas sob o enfoque do autoconhecimento.

Samuel Gomes
16 x 23 cm
313 páginas

VIDAS PASSADAS E HOMOSSEXUALIDADE - CAMINHOS QUE LEVAM À HARMONIA

"Vidas Passadas e Homossexualidade" é, antes de tudo, um livro sobre o autoconhecimento. E, mais que uma obra que trada do uso prático da Terapia de Regressão às Vidas Passadas . Em um conjunto de casos, ricamente descritos, o leitor poderá compreender a relação de sua atual encarnação com aquelas que ele viveu em vidas passadas. O obra mostra que absolutamente tudo está interligado. Se o leitor não encontra respostas sobre as suas buscas psicológicas nesta vida, ele as encontrará conhecendo suas vidas passadas.
Samuel Gomes

Dra. Solange Cigagna
16 x 23 cm
364 páginas

SÉRIE CONSCIÊNCIA DESPERTA

SAIA DO CONTROLE - UM DIÁLOGO TERAPEUTICO E LIBERTADOR ENTRE A MENTE E A CONSCIÊNCIA

Agimos de forma instintiva por não saber observar os pensamentos e emoções que direcionam nossas ações de forma condicionada. Por meio de uma observação atenta e consciente, identificando o domínio da mente em nossas vidas, passamos a viver conscientes das forças internas que nos regem.

Rossano Sobrinho
16 x 23 cm
268 páginas

SÉRIE CULTO NO LAR

VIBRAÇÕES DE PAZ EM FAMÍLIA

Quando a família se reune para orar, ou mesmo um de seus componentes, o ambiente do lar melhora muito. As preces são emissões poderosas de energia que promovem a iluminação interior. A oração em família traz paz e fortalece, protege e ampara a cada um que se prepara para a jornada terrena rumo à superação de todos os desafios.

Wanderley Oliveira | Ermance Dufaux
16 x 23 cm
212 páginas

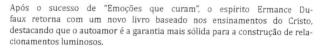

JESUS - A INSPIRAÇÃO DAS RELAÇÕES LUMINOSAS

Após o sucesso de "Emoções que curam", o espírito Ermance Dufaux retorna com um novo livro baseado nos ensinamentos do Cristo, destacando que o autoamor é a garantia mais sólida para a construção de relacionamentos luminosos.

Wanderley Oliveira | Ermance Dufaux
16 x 23 cm
304 páginas

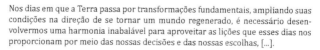

REGENERAÇÃO - EM HARMONIA COM O PAI

Nos dias em que a Terra passa por transformações fundamentais, ampliando suas condições na direção de se tornar um mundo regenerado, é necessário desenvolvermos uma harmonia inabalável para aproveitar as lições que esses dias nos proporcionam por meio das nossas decisões e das nossas escolhas, [...].

Samuel Gomes | Diversos Espíritos
16 x 23 cm
223 páginas

PRECES ESPÍRITAS

Porque e como orar?
O modo como oramos influi no resultado de nossas preces?
Existe um jeito certo de fazer a oração?
Allan Kardec nos afirma que *"não há fórmula absoluta para a prece"*, mas o próprio Evangelho nos orienta que *"quando oramos, devemos entrar no nosso aposento interno do coração e, fechando a porta, busquemos Deus que habita em nós; e Ele, que vê nossa mais secreta realidade espiritual, nos amparará em todas as necessidades. Ao orarmos, evitemos as repetições de orações realizadas da boca para fora, como muitos que pensam que por muito falarem serão ouvidos. Oremos a Deus em espírito e verdade porque nosso Pai sabe o que nos é necessário, antes mesmo de pedirmos ".* (Mateus 6:5 a 8)

Allan Kardec
16 x 23 cm
145 páginas

O EVANGELHO SEGUNDO O ESPIRITISMO

O Evangelho de Jesus Cristo foi levado ao mundo por meio de seus discípulos, logo após o desencarne do Mestre na cruz. Mas o Evangelho de Cristo foi, muitas vezes, alterado e deturpado através de inúmeras edições e traduções do chamado Novo Testamento. Agora, a Doutrina Espírita, por meio de um trabalho sob a óptica dos espíritos e de Allan Kardec, vem jogar luz sobre a verdadeira face de Cristo e seus ensinamentos de perdão, caridade e amor.

Allan Kardec
16 x 23 cm
431 páginas

SÉRIE DESAFIOS DA CONVIVÊNCIA

QUEM SABE PODE MUITO. QUEM AMA PODE MAIS

A lição central desta obra é mostrar que o conhecimento nem sempre é suficiente para garantir a presença do amor nas relações. "Estar informado é a primeira etapa. Ser transformado é a etapa da maioridade." - Eurípedes Barsanulfo.

Wanderley Oliveira | José Mário
16 x 23 cm
312 páginas

QUEM PERDOA LIBERTA - ROMPER OS FIOS DA MÁGOA ATRAVÉS DA MISERICÓRDIA

Continuação do livro "QUEM SABE PODE MUITO. QUEM AMA PODE MAIS" dando sequência à trilogia "Desafios da Convivência".

Wanderley Oliveira | José Mário
16 x 23 cm
320 páginas

SERVIDORES DA LUZ NA TRANSIÇÃO PLANETÁRIA

Nesta obra recebemos o convite para nos integrar nas fileiras dos Servidores da Luz, atuando de forma consciente diante dos desafios da transição planetária. Brilhante fechamento da trilogia.

Wanderley Oliveira | José Mário
14x21 cm
298 páginas

SÉRIE ESPÍRITOS DO BEM

GUARDIÕES DO CARMA - A MISSÃO DOS EXUS NA TERRA

Pai João de Angola quebra com o preconceito criado em torno dos exus e mostra que a missão deles na Terra vai além do que conhecemos. Na verdade, eles atuam como guardiões do carma, nos ajudando nos principais aspectos de nossas vidas.

Wanderley Oliveira | Pai João de Angola
16 x 23 cm
288 páginas

GUARDIÃS DO AMOR - A MISSÃO DAS POMBAGIRAS NA TERRA

"São um exemplo de amor incondicional e de grandeza da alma. São mães dos deserdados e angustiados. São educadoras e desenvolvedoras do sagrado feminino, e nesse aspecto são capazes de ampliar, nos homens e nas mulheres, muitas conquistas que abrem portas para um mundo mais humanizado, [...]".

Wanderley Oliveira | Pai João de Angola
16 x 23 cm
232 páginas

GUARDIÕES DA VERDADE - NADA FICARÁ OCULTO

Neste momento de batalhas decisivas rumo aos tempos da regeneração, esta obra é um alerta que destaca a importância da autenticidade nas relações humanas e da conduta ética como bases para uma forma transparente de viver. A partir de agora, nada ficará oculto, pois a Verdade é o único caminho que aguarda a humanidade para diluir o mal e se estabelecer na realidade que rege o universo.

Wanderley Oliveira | Pai João de Angola
16 x 23 cm
236 páginas

SÉRIE ESTUDOS DOUTRINÁRIOS

ATITUDE DE AMOR

Opúsculo contendo a palestra "Atitude de Amor" de Bezerra de Menezes, o debate com Eurípedes Barsanulfo sobre o período da maioridade do Espiritismo e as orientações sobre o "movimento atitude de amor". Por uma efetiva renovação pela educação moral.

Wanderley Oliveira | Ermance Dufaux e Cícero Pereira
14 x 21 cm
94 páginas

SEARA BENDITA

Um convite à reflexão sobre a urgência de novas posturas e conceitos. As mudanças a adotar em favor da construção de um movimento social capaz de cooperar com eficácia na espiritualização da humanidade.

Wanderley Oliveira e Maria José Costa | Diversos Espíritos
14 x 21 cm
284 páginas

Gratuito em nosso site, somente em:

NOTÍCIAS DE CHICO

"Nesta obra, Chico Xavier afirma com seu otimismo natural que a Terra caminha para uma regeneração de acordo com os projetos de Jesus, a caracterizar-se pela tolerância humana recíproca e que precisamos fazer a nossa parte no concerto projetado pelo Orientador Maior, principalmente porque ainda não assumimos responsabilidades mais expressivas na sustentação das propostas elevadas que dizem respeito ao futuro do nosso planeta."

Samuel Gomes | Chico Xavier
16 x 23 cm
181 páginas

SÉRIE FAMÍLIA E ESPIRITUALIDADE

UM JOVEM OBSESSOR - A FORÇA DO AMOR NA REDENÇÃO ESPIRITUAL

Um jovem conta sua história, compartilhando seus problemas após a morte, falando sobre relacionamentos, sexo, drogas e, sobretudo, da força do amor na redenção espiritual.

Adriana Machado | Jefferson
16 x 23 cm
392 páginas

UM JOVEM MÉDIUM - CORAGEM E SUPERAÇÃO PELA FORÇA DA FÉ

A mediunidade é um canal de acesso às questões de vidas passadas que ainda precisam ser resolvidas. O livro conta a história do jovem Alexandre que, com sua mediunidade, se torna o intermediário entre as histórias de vidas passadas daqueles que o rodeiam tanto no plano físico quanto no plano espiritual. Surpresos com o dom mediúnico do menino, os pais, de formação Católica, se veem às voltas com as questões espirituais que o filho querido traz para o seio da família.

Adriana Machado | Ezequiel
16 x 23 cm
365 páginas

RECONSTRUA SUA FAMÍLIA - CONSIDERAÇÕES PARA O PÓS-PANDEMIA

Vivemos dias de definição, onde nada mais será como antes. Necessário redefinir e ampliar o conceito de família. Isso pode evitar muitos conflitos nas interações pessoais. O autoconhecimento seguido de reforma íntima será o único caminho para transformação do ser humano, das famílias, das sociedades e da humanidade.

Dr. Américo Canhoto
16 x 23 cm
237 páginas

SÉRIE HARMONIA INTERIOR

LAÇOS DE AFETO - CAMINHOS DO AMOR NA CONVIVÊNCIA

Uma abordagem sobre a importância do afeto em nossos relacionamentos para o crescimento espiritual. São textos baseados no dia a dia de nossas experiências. Um estímulo ao aprendizado mais proveitoso e harmonioso na convivência humana.

Wanderley Oliveira | Ermance Dufaux
16 x 23 cm
312 páginas

ebook ESPANHOL

MEREÇA SER FELIZ - SUPERANDO AS ILUSÕES DO ORGULHO

Um estudo psicológico sobre o orgulho e sua influência em nossa caminhada espiritual. Ermance Dufaux considera essa doença moral como um dos mais fortes obstáculos à nossa felicidade, porque nos leva à ilusão.

Wanderley Oliveira | Ermance Dufaux
16 x 23 cm
296 páginas

 ESPANHOL

REFORMA ÍNTIMA SEM MARTÍRIO - AUTOTRANSFORMAÇÃO COM LEVEZA E ESPERANÇA

As ações em favor do aperfeiçoamento espiritual dependem de uma relação pacífica com nossas imperfeições. Como gerenciar a vida íntima sem adicionar o sofrimento e sem entrar em conflito consigo mesmo?

Wanderley Oliveira | Ermance Dufaux
16 x 23 cm
288 páginas

 espanhol inglês

PRAZER DE VIVER - CONQUISTA DE QUEM CULTIVA A FÉ E A ESPERANÇA

Neste livro, Ermance Dufaux, com seus ensinos, nos auxilia a pensar caminhos para alcançar nossas metas existenciais, a fim de que as nossas reencarnações sejam melhor vividas e aproveitadas.

Wanderley Oliveira | Ermance Dufaux
16 x 23 cm
248 páginas

ESCUTANDO SENTIMENTOS - A ATITUDE DE AMAR-NOS COMO MERECEMOS

Ermance afirma que temos dado passos importantes no amor ao próximo, mas nem sempre sabemos como cuidar de nós, tratando-nos com culpas, medos e outros sentimentos que não colaboram para nossa felicidade.

Wanderley Oliveira | Ermance Dufaux
16 x 23 cm
256 páginas

 espanhol

DIFERENÇAS NÃO SÃO DEFEITOS - A RIQUEZA DA DIVERSIDADE NAS RELAÇÕES HUMANAS

Ninguém será exatamente como gostaríamos que fosse. Quando aprendemos a conviver bem com os diferentes e suas diferenças, a vida fica bem mais leve. Aprenda esse grande SEGREDO e conquiste sua liberdade pessoal.

Wanderley Oliveira | Ermance Dufaux
16 x 23 cm
248 páginas

EMOÇÕES QUE CURAM - CULPA, RAIVA E MEDO COMO FORÇAS DE LIBERTAÇÃO

Um convite para aceitarmos as emoções como forma terapêutica de viver, sintonizando o pensamento com a realidade e com o desenvolvimento da autoaceitação.

Wanderley Oliveira | Ermance Dufaux
16 x 23 cm
272 páginas

 SÉRIE **REFLEXÕES DIÁRIAS**

PARA SENTIR DEUS

Nos momentos atuais da humanidade sentimos extrema necessidade da presença de Deus. Ermance Dufaux resgata, para cada um, múltiplas formas de contato com Ele, de como senti-Lo em nossas vidas, nas circunstâncias que nos cercam e nos semelhantes que dividem conosco a jornada reencarnatória. Ver, ouvir e sentir Deus em tudo e em todos.

Wanderley Oliveira | Ermance Dufaux
11 x 15,5 cm
133 páginas
Somente

LIÇÕES PARA O AUTOAMOR

Mensagens de estímulo na conquista do perdão, da aceitação e do amor a si mesmo. Um convite à maravilhosa jornada do autoconhecimento que nos conduzirá a tomar posse de nossa herança divina.

Wanderley Oliveira | Ermance Dufaux
11 x 15,5 cm
128 páginas

Somente

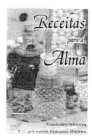

RECEITAS PARA A ALMA

Mensagens de conforto e esperança, com pequenos lembretes sobre a aplicação do Evangelho para o dia a dia. Um conjunto de propostas que se constituem em verdadeiros remédios para nossas almas.

Wanderley Oliveira | Ermance Dufaux
11 x 15,5 cm
146 páginas

Somente

SÉRIE REGENERAÇÃO

FUTURO ESPIRITUAL DA TERRA

As necessidades, as estruturas perispirituais e neuropsíquicas, o trabalho, o tempo, as características sociais e os próprios recursos de natureza material se tornarão bem mais sutis. O futuro já está em construção e André Luiz, através da psicografia de Samuel Gomes, conta como será o Futuro Espiritual da Terra.

Samuel Gomes | André Luiz
16 x 23 cm
344 páginas

XEQUE-MATE NAS SOMBRAS - A VITÓRIA DA LUZ

André Luiz traz notícias das atividades que as colônias espirituais, ao redor da Terra, estão realizando para resgatar os espíritos que se encontram perdidos nas trevas e conduzi-los a passar por um filtro de valores, seja para receberem recursos visando a melhorar suas qualidades morais – se tiverem condições de continuar no orbe – seja para encaminhá-los ao degredo planetário.

Samuel Gomes | André Luiz
16 x 23 cm
212 páginas

A DECISÃO - CRISTOS PLANETÁRIOS DEFINEM O FUTURO ESPIRITUAL DA TERRA

"Os Cristos Planetários do Sistema Solar e de outros sistemas se encontram para decidir sobre o futuro da Terra na sua fase de regeneração. Numa reunião que pode ser considerada, na atualidade, uma das mais importantes para a humanidade terrestre, Jesus faz um pronunciamento direto sobre as diretrizes estabelecidas por Ele para este período."

Samuel Gomes | André Luiz e Chico Xavier
16 x 23 cm
210 páginas

SÉRIE ROMANCE MEDIÚNICO

OS DRAGÕES - O DIAMANTE NO LODO NÃO DEIXA DE SER DIAMANTE

Um relato leve e comovente sobre nossos vínculos com os grupos de espíritos que integram as organizações do mal no submundo astral.

Wanderley Oliveira | Maria Modesto Cravo
16 x 23cm
522 páginas

LÍRIOS DE ESPERANÇA

Ermance Dufaux alerta os espíritas e lidadores do bem de um modo geral, para as responsabilidades urgentes da renovação interior e da prática do amor neste momento de transição evolutiva, através de novos modelos de relação, como orientam os benfeitores espirituais.

Wanderley Oliveira | Ermance Dufaux
16 x 23 cm
508 páginas

AMOR ALÉM DE TUDO

Regras para seguir e rótulos para sustentar. Até quando viveremos sob o peso dessas ilusões? Nessa obra reveladora, Dr. Inácio Ferreira nos convida a conhecer a verdade acima das aparências. Um novo caminho para aqueles que buscam respeito às diferenças e o AMOR ALÉM DE TUDO.

Wanderley Oliveira | Inácio Ferreira
16 x 23 cm
252 páginas

ABRAÇO DE PAI JOÃO

Pai João de Angola retorna com conceitos simples e práticos, sobre os problemas gerados pela carência afetiva. Um romance com casos repletos de lutas, desafios e superações. Esperança para que permaneçamos no processo de resgate das potências divinas de nosso espírito.

Wanderley Oliveira | Pai João de Angola
16 x 23 cm
224 páginas

UM ENCONTRO COM PAI JOÃO

A obra também fala do valor de uma terapia, da necessidade do autoconhecimento, dos tipos de casamentos programados antes do reencarne, dos processos obsessivos de variados graus e do amparo de Deus para nossas vidas por meio dos amigos espirituais e seus trabalhadores encarnados. Narra também em detalhes a dinâmica das atividades socorristas do centro espírita.

Wanderley Oliveira | Pai João de Angola
16 x 23 cm
220 páginas

O LADO OCULTO DA TRANSIÇÃO PLANETÁRIA

O espírito Maria Modesto Cravo aborda os bastidores da transição planetária com casos conectados ao astral da Terra.

Wanderley Oliveira | Maria Modesto Cravo
16 x 23 cm
288 páginas

ebook

PERDÃO - A CHAVE PARA A LIBERDADE

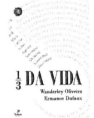

Neste romance revelador, conhecemos Onofre, um pai que enfrenta a perda de seu único filho com apenas oito anos de idade. Diante do luto e diversas frustrações, um processo desafiador de autoconhecimento o convida a enxergar a vida com um novo olhar. Será essa a chave para a sua libertação?

Adriana Machado | Ezequiel
14 x 21 cm
288 páginas

ebook

1/3 DA VIDA - ENQUANTO O CORPO DORME A ALMA DESPERTA

A atividade noturna fora da matéria representa um terço da vida no corpo físico, e é considerada por nós como o período mais rico em espiritualidade, oportunidade e esperança.

Wanderley Oliveira | Ermance Dufaux
16 x 23 cm
279 páginas

ebook

NEM TUDO É CARMA, MAS TUDO É ESCOLHA

Somos todos agentes ativos das experiências que vivenciamos e não há injustiças ou acasos em cada um dos aprendizados.

Adriana Machado | Ezequiel
16 x 23 cm
536 páginas

ebook

RETRATOS DA VIDA - AS CONSEQUÊNCIAS DO DESCOMPROMETIMENTO AFETIVO

Túlio costumava abstrair-se da realidade, sempre se imaginando pintando um quadro; mais especificamente pintando o rosto de uma mulher.
Vivendo com Dora um casamento já frio e distante, uma terrível e insuportável dor se abate sobre sua vida. A dor era tanta que Túlio precisou buscar dentro de sua alma uma resposta para todas as suas angústias..

Clotilde Fascioni
16 x 23 cm
175 páginas

O PREÇO DE UM PERDÃO - AS VIDAS DE DANIEL

Daniel se apaixona perdidamente e, por várias vidas, é capaz de fazer qualquer coisa para alcançar o objetivo de concretizar o seu amor. Mas suas atitudes, por mais verdadeiras que sejam, o afastam cada vez mais desse objetivo. É quando a vida o para.

André Figueiredo e Fernanda Sicuro | Espírito Bruno
16 x 23 cm
333 páginas

Livros que transformam vidas!

Acompanhe nossas redes sociais

(lançamentos, conteúdos e promoções)

- @editoradufaux
- facebook.com/EditoraDufaux
- youtube.com/user/EditoraDufaux

Conheça nosso catálogo e mais sobre nossa editora. Acesse os nossos sites

Loja Virtual

- www.dufaux.com.br

eBooks, conteúdos gratuitos e muito mais

- www.editoradufaux.com.br

Entre em contato com a gente.
Use os nossos canais de atendimento

- (31) 99193-2230
- (31) 3347-1531
- www.dufaux.com.br/contato
- sac@editoradufaux.com.br
- Rua Contria, 759 | Alto Barroca | CEP 30431-028 | Belo Horizonte | MG